腾讯

陈伊伦 著
Lulu Yilun Chen

王文蒲 译

一个科技帝国的崛起

Tencent

INFLUENCE EMPIRE

THE STORY OF TENCENT & CHINA'S TECH AMBITION

浙江人民出版社

图书在版编目（CIP）数据

腾讯：一个科技帝国的崛起 / 陈伊伦著；王文蒲
译 . — 杭州：浙江人民出版社，2023.10
ISBN 978-7-213-11184-6

Ⅰ . ①腾… Ⅱ . ①陈… ②王… Ⅲ . ①网络公司—企
业管理—经验—中国 Ⅳ . ①F279.244.4

中国国家版本馆 CIP 数据核字 (2023) 第 169026 号

浙 江 省 版 权 局
著作权合同登记章
图字：11-2022-346号

腾讯：一个科技帝国的崛起
TENGXUN: YI GE KEJI DIGUO DE JUEQI

陈伊伦　著　王文蒲　译

出版发行：浙江人民出版社（杭州市体育场路 347 号　邮编：310006）
市场部电话：(0571) 85061682　85176516

责任编辑：齐桃丽

策划编辑：陈世明

特约编辑：涂继文

营销编辑：陈雯怡　张紫懿　陈芊如

责任校对：王欢燕

责任印务：幸天骄

封面设计：海云间

电脑制版：北京之江文化传媒有限公司

印　　刷：杭州钱江彩色印务有限公司

开　　本：710 毫米 × 1000 毫米　1/16　　　印　　张：18.5

字　　数：230 千字

版　　次：2023 年 10 月第 1 版　　　　印　　次：2023 年 10 月第 1 次印刷

书　　号：ISBN 978-7-213-11184-6

定　　价：68.00 元

引　言

2002年，时值我初中毕业。

在毕业的最后几周，我们人生的一个重要阶段——初中时代正接近尾声。这是暑假之前最后的一段学校时光，同学们在教室里无拘无束又略带严肃地探讨着未来，竭力掩饰着隐藏在少年内心深处的那份对于即将步入成年时期的不安、恐惧与无言的期待。

同学们大部分时间都在谈论暑期的安排、即将步入的知名学府，以及是否需要参加补习班，以便为艰苦的三年高中生涯做一些准备。很多人本能地意识到，初中毕业将是对三年同窗情谊的考验。

我和其他同学一样，准备了一本精美的海蓝色同学录，腼腆地递给我的好友、熟人、老师和曾经迷恋的男孩，让他们在上面写下自己的姓名、爱好和星座。在通信方式一栏，大多数人留下了自己当时的电话号码，而更时髦者，则留下了一串他们称其为QQ号的数字。

那时我还不知道QQ为何物，当时人们对QQ的认知度并不高。那时候，微软的Windows还不怎么好用，拥有个人电脑的人少之又少，史蒂夫·乔布斯（Steven Jobs）更尚未设计出苹果手机。那时候即便是北京，学生每周在学校能使用40分钟电脑的中学也不多，其他省份就更不用说了。"网络泡沫"这一提法也只是偶尔见诸报纸的国外报道。当时，整个中国只有不到2000万台计算机接入了互联网。

而接下来两年内，我也没有更多地接触QQ。当时的我正埋头苦读备战高考，每天仅睡4个小时，拒绝思考一切对提高应试技能无益的事物。然而，同全国各地的数百万人一样，在不知不觉中，我对QQ这个名字越发熟悉，它已悄然潜入了我的意识。从某种程度来说，QQ应该可以说是20年前唯一留存下来的东西。

十几岁的我还不曾费心思考技术如何改变和塑造人与人之间的关系。而如今，现代人已经将自我与社交网络、各种符号紧密地联系在一起，这些网络和符号构成了人们现代身份的基础。而这一切都依赖于大型的科技企业。我们和它们的绑定如此紧密，当这些科技企业自身发展遭遇瓶颈，走向消亡，我们身份的一部分便会连同它们一并消失。

当年初中同学在同学录上匆忙写下的电话号码早已停用，那些带有"yahoo.com"或"hotmail.com"后缀的电子邮箱也早已作废，唯一还剩下的是QQ以及它背后的企业——腾讯。

腾讯的基础理念是专注连接，致力于将内容、信息和人联系起来，帮助10亿名用户建立自己的身份。

腾讯的故事，本质是一个企业如何长时间保持产品吸引力，如何避免如众多科技巨头一样被时代淘汰的故事。本书将为读者细致呈现腾讯的发展历程、成功经验，以及腾讯如何适应国内的企业环境，实现长足发展。

腾讯已经不再是20年前我初中时代那家默默无闻的公司，它已经成为广受国内外关注的知名企业。2017年，腾讯更是超过脸书

（Facebook）一跃成为全球第五大科技公司。

然而，除科技界以外，却鲜有人知晓，腾讯的影响范围早已远远超出了其本土范围。通过《堡垒之夜》等游戏，以及好莱坞大片《黑衣人：全球追缉》和《毒液：致命守护者》等电影，腾讯已经成功吸引了全球范围数亿游戏玩家的加入。

如果说，有这么一款超级软件能够做到支持特斯拉（Tesla）、红迪（Reddit）、色拉布（Snapchat）和声田（Spotify）等最流行的全球商品和服务，能够整合瓦次普（WhatsApp）、贝宝（PayPal）、脸书、优步（Uber）、户户送（Deliveroo）、雅虎（Yahoo）、抖音的全部功能，那么这款超级软件就只能是腾讯推出的微信。

腾讯一直以来都是全球最具影响力的企业之一，尽管这种影响力还没有引起全球关注。

然而，这一情形正在改观。随着中美之间的贸易摩擦不断升级，全世界的注意力越发集中到世界第二大经济体。从华为与阿里巴巴，到人工智能监控领域的初创企业，中国的科技巨头一直以来备受全世界的瞩目。然而，在中国政府"遏制资本无序扩张"的政策背景下，科技企业的发展也受到了一定影响，其发展前景更是让人难以捉摸。

我之所以提笔撰写本书，就是期望能够挖掘中国最大的创业成功案例背后的故事。多年来，我曾无数次听到人们赞叹，中国如何培养出了最杰出的科技企业家，然而鲜有作家愿意向全球读者呈现这些创业成功背后的故事——当前的话语已经从迎合奉承转向了随意解构，人们动辄轻率地将企业的成功简单归结于政府的主导。

实际上，真相不止如此。

我期待通过本书，为读者打开一扇门，帮助读者更多地了解支撑中国创业领域和风险投资领域的企业家，剖析以技术和资本为基础的新兴成功阶层，更重要的是，解读一个在地理上距离欧美国家半个地球

V

以外的企业所提供的技术服务同样影响着海外人的生活。我希望能够在集体记忆模糊之前，提笔记录下这个时代，以免错失了讲述创业勇士故事的机遇。

而且，人们也日益开始关注一个更为重要和有趣的问题：如何才能在当今中国成为一名成功的企业家？

多年来，腾讯一直有意保持着低调。公司创始人亿万富翁马化腾，人称"小马哥"，一直有意回避媒体关注。马化腾在其整个职业生涯中都扮演着幕后将军的角色。

正因为如此，追踪小马哥成了媒体热衷的一项运动。为了获取有关马化腾的一手资料，媒体不得不跑遍各个城市，跟踪他到各个会议和论坛现场，追问他的心腹，并数以百次地采访公司的高管和员工。腾讯业务广泛，涵盖游戏、金融、云计算、新闻门户、即时通信、视频以及电影流媒体和电影制片等多个领域。最近10年以来，我一直致力于报道中国及其繁荣的互联网行业，记录马化腾的成功历程，这让我得以近距离地观察并记录当今中国变幻莫测、激烈动荡的创业格局。

在中国互联网发展的鼎盛时期，全国排名前十的富豪有一半来自技术领域。而他们的成功则是建立在打败成千上万同行的基础之上。

马化腾也试图开放姿态，与媒体接触。那是在2015年1月，当时腾讯风头正劲（从金融到游戏，再到好莱坞，在各个领域极速扩张，其估值甚至超过了亚马逊），我和另外几位经过精挑细选的外媒记者，得以有机会在腾讯的香港总部同马化腾近距离交谈。

马化腾准时走进会议室，他身形苗条，佩戴眼镜，端坐在宽大的董事会会议桌的另一头，似乎意图利用庞大的会议桌阻挡多余的询问。他头发经过精心打理，朝一边偏分，改变了过去凌乱的造型。从青涩的程序员到亿万富翁，他经历了多年的奋斗历程。他向记者讲述自己如何思考企业的发展，最关心的问题，以及腾讯如何在和众多其他企业的竞争中求得生存。

马化腾也通过同样的方式在全球舞台上获取了更大的影响力，例如请世界足球先生利昂内尔·梅西（Lionel Messi）为微信宣传代言，与埃隆·马斯克（Elon Musk）和埃文·斯皮格尔（Evan Spiegel）密谈，意图入股特斯拉和色拉布。通过这些方式，他成功将腾讯的触角伸入硅谷的支柱产业。他说中国在国际移动互联网产品和服务领域已经成为领军国家。那时中国每周都会产生2名亿万富翁。全世界共同目睹这个国度大踏步跃入了数字时代。在互联网爆炸式发展的背景下，中国互联网用户数量增长了36倍，每3.8天就会产生一家独角兽企业，即成立不足10年且市场估值超过10亿美元的企业。

中国有10亿名互联网用户。同时，更令全世界惊讶的是：国外有户户送，国内就有美团；国外有优步，国内就有滴滴出行（简称"滴滴"）；国外有脸书，国内就有微博。一切人们能想到的国际互联网领军产品，在中国都有替代产品，并且其使用的便利性、设计的合理性、服务的优越性往往较国外产品更佳。

此外，中国有一款超级应用软件，更是如同一把瑞士军刀一般，卓越地整合了上述所有功能，这款软件就是微信。

2018年12月18日，马化腾获得由党中央、国务院授予的"改革先锋"称号，并获得改革先锋奖章，进一步彰显了中国意图成为互联网强国的决心。

中国有超过2/3的人口使用微信，微信集合了短信、通话、视频、游戏、购物、订餐和打车等各种功能，覆盖了人们生活的方方面面。

中国有句俗话叫"鲤鱼跳龙门"。相传，黄河中的鲤鱼一旦逆流而上，跃过龙门就能变成巨龙。而如马化腾这样的中国互联网巨头过去20年的经历，便是新一代鲤鱼跳龙门的故事。

本书记录了腾讯的发展历程，同时也记录了其数以亿计的用户的成长历程。而正是腾讯及其数以亿计的用户，共同缔造了一个中国互联网行业的黄金时代。

目 录

I-   中文版序

III-   引 言

第一部分

企业的缘起

第一章 小马哥传

004-   腾讯总部

008-   圆周率

012-   寒武纪爆发

1

014-   迪斯科球

017-   服务器崩溃

第二章   **企鹅进行曲**

022-   实现收支平衡

028-   QQ 新闻

030-   公司上市

034-   电信滑铁卢

第三章   **对战巨头：灵魂探寻之旅**

038-   对战微软

045-   华丽变身

048-   3Q 大战

052-   里程碑交易

第
二
部
分

高速发展

第四章 风向标

058- 黄金时代

第五章 宿敌阿里巴巴

066- 可敬的对手

071- "互联网梦"

073- 支付宝

077- 支付宝快捷支付业务

078- 移动时代

079- 移动支付时代

第六章　美团投奔腾讯

084-　初识美团

088-　喜欢摆弄电路和硫酸铜的少年

091-　银河总经理

093-　美团铁军

099-　终极连接器

102-　人字拖战争

105-　史诗级"变节"

111-　对战阿里巴巴

第七章　微信：中国的虚拟城市广场

114-　微信起源

118-　鲨鱼子宫文化

121-　TalkBox 损失 1000 亿美元业务

126-　向社交媒体平台转型

127-　　万能应用：小程序

130-　　墙与鸡蛋

134-　　营收压力

第八章　　**网约车大战**

138-　　拼车就是拼命

140-　　足部按摩店

142-　　美团铁军

144-　　滴滴出行

147-　　暴风雪的祝福

149-　　艰难起步

151-　　七天七夜

153-　　微信红包

155-　　睡眠两小时

157-　　西藏行

159-　　创业斗士

161- 　优步入侵

163- 　狼图腾

第九章　征战游戏

168- 　开　端

174- 　《穿越火线》与《地下城与勇士》

176- 　《英雄联盟》

183- 　《堡垒之夜》

192- 　对抗苹果公司

第十章　决战在手游

198- 　手游时代

200- 　游戏狂热分子

204- 　七宗罪

207- 　游戏代打的出现

210- 与拳头游戏出现裂痕

212- 《部落冲突》

215- 电竞俱乐部

218- 职业俱乐部

220- 娱乐帝国

222- 音乐流媒体

第十一章　灵活的巨头

228- 美国的阻挠

238- 粉碎金融科技

242- 整顿金融科技行业

244- 前所未有的处罚

248- 整顿课后辅导行业

250- 腾讯整改

253- 防止资本无序扩张

第十二章　元宇宙和未来的方向

258-　　　在云端算算术

261-　　　智能手机及未来方向

267-　　　参考文献

275-　　　致　谢

第一部分

企业的缘起

chapter

第一章

小马哥传

1

腾讯总部

2016年9月的某一天，烈日当空，腾讯公司的14名高管徒步穿越在偏远西部的茫茫戈壁沙漠。他们此次的徒步之旅堪称豪华，有搭好的营地，有随时待命的医疗救援，还有卡车运来沐浴用的水。然而，依然有人抱怨这26公里的旅程是他们人生中最艰苦的经历。在第一天结束之际，便有人埋怨说自己双脚已经起泡，希望能够提前结束行程，打道回府。

走在队伍最前方的是腾讯的创始人马化腾，人们常亲切地称呼他为小马哥。小马哥白手起家，由一位工程师一步步奋斗成为今天的顶级富豪。以往每年公司组织休闲度假，他都带上最得力的部下去日本的度假胜地或者硅谷的精品酒店展开休闲之旅。然而这次，他选择了为期2天的甘肃沙漠徒步，一行人穿越绵延不断的沙丘，走过建于公元5世纪的绘有古代丝绸之路场景的佛教石窟，算得上是一次特殊的安排。

一行人依计划前行，就在抵达营地，进入网络覆盖范围时，众人手机响声此起彼伏。大家陆续收到消息，腾讯公司的股价刚刚创下历史新高，公司也因此而成为全亚洲市值最高的企业。然而，当晚并没有庆祝，一行人围坐在篝火旁开会，马化腾提出要继续前行。于是，经过一整夜萧萧狂风和滚滚沙尘的洗礼，几个人再次收拾好行装，在凌晨4点继续踏上了征途。

据小马哥的得力干将刘炽平后来回忆，这段经历使他得以深入了解到老板的性格。马化腾性情温和、坚忍，不时散发出一股安静而顽强的力量，足以将能人志士招于麾下，为他所用。而据他自己所称，这其中很多人都比他自己要聪明。

这位沉默寡言的程序员在巅峰时期的身价一度达到340亿美元，是全美国200名薪酬最高的高管终身薪酬总和的6倍。从默默无闻到一跃成为世界上最有影响力的人物之一，马化腾的故事也浓缩了中国一路逆袭，由一个贫穷、封闭的国家发展成为一个经济强国的历程，而飞跃式发展更是让全球1/7的人口由此步入了数字时代。

腾讯的总部位于深圳市南山区高新科技园中心地带。深圳曾经是毗邻香港的一个小渔村。而就在马化腾出生7年之后，深圳被选定成为中国改革开放的第一个试验区。1979年，国家领导人邓小平在与香港隔岸相望的土地上画了一个圈，圈出来的深圳，由此成为全国吸引外商和试验新商业模式的经济特区。

当年，这个地区的面积仅是纽约中央公园的1/8，后来这里扩展成赫赫有名的蛇口工业区，也是深圳经济发展的龙头地区。深圳的高速发展激发了各类文化工作者们创作的激情，歌曲《春天的故事》广受官方的推崇。马化腾亲眼见证了深圳的惊人蜕变，目睹了这座城市如何从坑洼之地发展为世界工厂，再进一步发展为融合了技术、金融和制造业的大都市。如今，许多中国政府官员谈及深圳的发展都是津津乐道，认为其发展程度已经堪比美国的湾区。

10年前我造访香港的时候，整座城市仍笼罩在世界上最重要的金融中心的光环中。但其后的几年里，我能深刻感觉到香港居民日渐萌生的恐慌，因为邻近的深圳实力与日俱增，逐渐削弱了香港的优先地位。更为讽刺的是，曾几何时，在香港人眼中，深圳不过是一个享受廉价桑拿、足疗、美甲、卡拉OK一条龙服务的周末度假胜地。

2018年，深圳的地区生产总值首次超过香港，跃身成为中国最富裕的城市之一，具备现代国际化大都市的一切要素，如眼花缭乱的摩天大楼、交织如网的城市道路、热火朝天的机器人竞技比赛。众多知名企业纷纷落户深圳，其中有电信巨头华为、全球首屈一指的无人机制造商大疆，当然也包括腾讯。

马化腾倾力打造出了腾讯位于深圳的未来指挥中心。公司最新的办公楼始建于2012年，工程耗时5年，耗资超50亿美元。马化腾亲自挑选全球首屈一指，设计过亚马逊、谷歌和三星总部大楼的建筑设计公司NBBJ负责修建项目。腾讯并不仅仅是想要展示自己的财富，于是这座由玻璃和钢铁建成的双子塔成为全球最大的科技实验室之一，专门研发创新互联网服务和连接设备。大楼配置有全息导游，会议室能够根据人数调整温度，还有智能系统引导开车到达者找到最佳停车位置。

"在今天的中国，从未有过如此规模的智能架构。"负责该项目的时任腾讯首席建筑师万超说道，"这一项目之所以具有标志性，是因为我们设计修建的建筑物将用作下一代智能设备和技术的大规模测试场。"

令我印象深刻的是，在这座充满未来主义和商业主义的建筑物大厅里，处处体现着人文元素。在大厅的开放式阅览室中，有一些关于宇宙和古希腊罗马帝国的书，还陈列着国家主席习近平的书，主席治国理政思想系列图书陈列在书架最显眼的位置。在公司的健身房中，300米长的跑道上印有企鹅形状的二维码。使用手机扫描二维码，便能看到"长征"期间红军战斗胜利的故事。

马化腾之所以具有卓越的经商才能，一部分是源于他的成长经历。1971年10月29日，马化腾出生于中国南部城市东方市。其父亲马陈术是土生土长的广东人，广东是一个经商成风的地方。当时，马陈术响应国家号召，迁居海南，帮助当地经济发展，先后担任过当地港务局会计、计划科科长等职务。

马陈术一家居住在海南省东方市，这是一个由少数民族苗族聚居的地区，苗族以其面部文身、传统银饰和鲜艳的民族服饰为特色。夜幕降临，年轻的马化腾凝望着浩渺星空，滋生出对天文学的浓厚兴趣。他至今依然清晰地保留着儿时的记忆。也正是这个原因，腾讯后来选址海南作为其云计算和数据中心的重要基地。

马化腾13岁那年，父亲马陈术调往深圳市航运总公司任职。由于具有财务和会计方面的知识，他曾先后担任公司计财部经理、总经理。在父亲的熏陶下，马化腾也得以一窥商业世界的面貌。

圆周率

据马化腾儿时的老师回忆，马化腾在家中排行老二，上面还有个姐姐。学生时代的他安静、乖巧，基本上不怎么惹人注意。那时他13岁，身形矮小瘦削，总喜欢坐在教室的前排。让老师记忆深刻的是，他对望远镜相当痴迷。孩童时代的他，曾参照一本畅销儿童科普读物自制了一个天文望远镜。马化腾称，他依然清楚地记得，1986年4月，他成为学校第一个观察到哈雷彗星的人。这要归功于一台当时售价700元的专业级80毫米口径天文望远镜，这是他父亲苦苦攒下4个月工资买来送给他的14岁生日礼物。这份礼物来之不易。最初，他哀求父母为他买一台天文望远镜，遭到了父母的拒绝。后来有一天，妈妈在他书包里发现了一本日记，上面记载着这个十几岁男孩的心路历程，他在日记中控诉父母扼杀了一个孩子当科学家的梦想。父亲最终同意，为他买下了他梦寐以求的天文望远镜。

马化腾用望远镜给这颗著名的彗星拍下了照片，还写了一篇观测报告，和照片一起投寄到北京，结果获得了那次观测比赛的三等奖。日后，马化腾逐渐沉浸于数字世界中，而这个童年梦想成了他闲暇之际的爱好。

"互联网是不是很像一个不确定的正在爆炸的星系？"马化腾曾这样说道。

中学时代，马化腾结识了后来腾讯的另外三位联合创始人许晨晔、陈一丹和张志东。他们同为国际数学奥林匹克竞赛班同学，只有马化腾另外加入了天文俱乐部。在课间，几位少年时常在教学楼的走廊上争相背诵圆周率。据张志东回忆，有一次他们大约背到了小数点后第100位。

马化腾和朋友们对科学、技术、工程和数学近乎痴迷，这在一定程度上是受到当时国家教育政策的影响，当时国家希望通过教育培养国家工业制造行业急需的人才。一个世纪以来，中国似乎第一次处于迎风起飞的边缘。改革的春风四处吹拂。在马化腾就读的学校里，人们嘴上时刻挂着"时不我待"这样的警句。

当时国内发生了一场风波，让所有人都焦躁不安，家长都想将孩子留在身边。当时高考总分是900分，马化腾考了739分，完全可以入读诸如清华、北大之类的顶级学府。然而，他报考了深圳大学。当时的深圳大学仅有5年的办学历史，四周一片荒凉，只有片片的农田，学校没有天文学专业，于是这位笃定的天文爱好者退而求其次，选择了计算机专业。"马化腾这一届是深圳大学历史上最优秀的一届。"据讲授计算机汇编语言课程的胡庆彬老师回忆，"他们这个班，没有人挂过科——这在深圳大学是没有出现过的。"

大学同学眼中的马化腾有点类似于"极客"，而这个绰号在日后一直伴随着他。马化腾曾这样评价自己："我是软件工程师出身，现在是一名企业家，但由于我成长的经历，我并不善于言谈。"[1]马化腾与

---

① 香港大学媒体档案，2015年7月。

大学同学也是中学同学的许晨晔常常一起晨跑，比赛记忆英语单词。在大学期间，一向沉默寡言的马化腾日渐养成了特立独行的性格。他时常入侵学校的电脑，锁死电脑硬盘，连学校计算机管理员都对他束手无策。他迅速成为人们眼中的计算机专家。马化腾在大学期间展露出毋庸置疑的才华：他在本科毕业设计中设计了一个预测股票行情的计算机程序，还采用了当时还颇为前沿的人工智能技术。

在马化腾 22 岁那年，他完成了人生中第一次创业。他将自己设计的预测股票行情的程序卖给了自己正在实习的公司。他小心翼翼地开出5万元的价格，这在当时大约是一个应届毕业生3年的工资。出乎意料的是，公司竟然爽快地接受了。

自此，他知道自己注定要成就大事业，而在横跨地球的另一端，一场科技热潮正蠢蠢欲动。就在马化腾大学毕业那年，具有划时代意义的Mosaic浏览器问世，从此普罗大众得以访问互联网。HTTP（超文本传输协议）作为一种新兴技术，引发了科技发展的突飞猛进，整个硅谷都沉浸在欢欣愉悦的气氛当中。

马化腾的第一次求职经历出奇的顺利。一天，他在书店闲逛，偶遇一位熟人，告诉他有一家叫润迅的寻呼机制造企业正在招聘。于是，他前往参加了面试，介绍了自己在编写软件方面的经验，第二天便拿到了录用通知。在如今的智能手机时代，可能有的人不太知道寻呼机为何物。那时，人们将这个小型设备别在腰间，机器不时发出振动或者哔哔声，提示有人拨打寻呼台，请求机主回电。在那个时代，寻呼机是一种身份的象征，一种时髦之物。

之后，在入职后的短短5年内，这位初露头角的年轻人见证了这家寻呼机企业由盛到衰的过程。5年之后，马化腾的薪水已经比初入职时增长了8倍，但他对于自己仅仅停留在普通的中层管理岗位并不满意。

马化腾在虚拟世界中找到了自我。1994年，一个叫惠多网

（FidoNet）的新生事物吸引了他的注意。这一系统能够实现电子公告板（BBS）服务器之间的电子邮件和文件交换。在低成本的互联网连接诞生之前，电子公告板曾是一种流行的通信形式，让分布在全国各地的志同道合的人们得以相互联络，这让马化腾倍感兴奋。"感觉像是开启了一扇新的大门一样，我觉得这是当时网络的开端。"多年后马化腾这样说道。他创建了自己的电子公告板惠多网深圳站，并将其命名为"ponysoft"。与互联网不同，惠多网每条电话线只能承载一个用户。于是，马化腾在家里添置了4条电话线和8台电脑，这花费了他将近5万元，相当于花光了他出售股票行情预测程序获得的全部收入。这是马化腾一向的行为方式，一旦选定目标，便坚定投入。

这位沉默寡言的极客在虚拟世界中完全像变了一个人。惠多网网友李宗桦回忆道，"他在网上简直就是一个话痨"，热衷于讨论各种技术问题，还不厌其烦地回复每一个站点用户提出的意见。

马化腾在数字世界中如鱼得水，甚至还邂逅了人生的另一半。经过3个月的网上匿名聊天，两位网友最终见面，两人感情迅速升温，在见面6个月之后举行了婚礼。试想，如果马化腾和团队没有创造出公司首款炙手可热的互联网产品QQ，这一切将不会发生。

寒武纪爆发

1994年4月，中美两国首次达成共识。在中国国家计算机与网络设施（NCFC）项目牵头下，"NCFC计算机网"通过美国Sprint公司连入Internet的64K国际专线，实现了中国互联网与国际Internet的全功能连接。

这一事件引发了国内网络空间的寒武纪大爆发。31岁的大学英语教师马云于1995年5月创建了自己的第一个网站——一个允许企业在线发布信息的在线黄页。张朝阳从美国投资者处筹集了100万美元资金，放弃成为物理学家的梦想，回到北京，最终创立了当时中国最大的在线门户网站之一的搜狐。

变革的浪潮让马化腾坐立不安。当时大多数人都没有听说过虚拟世界的概念，更不用说理解，而马化腾已经成了虚拟世界的一员。他成功把握住了机会。就在这个时候，马化腾的大学同窗张志东几乎以一种戏剧化的方式出现了。大学毕业以后，马化腾和张志东便失去了联络。张志东在一家润迅的竞争企业工作，当时正负责调查公司服务器死机的原因，他怀疑服务器遭到了恶意攻击。最终，他追踪到马化腾所在的企业润迅。而在他所有认识的人当中，他认为只有一个人具有这样的能力。于是，他拿起电话拨给了马化腾："这是你干的事吧？"马化腾笑呵呵地说："我就是来试试你的水平。"

刚刚过完1998年的农历新年，马化腾便邀约张志东在咖啡馆会面。他准备成立一家创业公司，希望旧时同窗好友能够加入。

当时马化腾并没有想好创业公司采用什么商业模式。他大致的想法是与好友一道，设计一种将寻呼机和当时新兴互联网结合的新产品。他还联系了另外两位同学，当时在深圳出入境检验检疫局工作的陈一丹和在深圳电信数据通信局工作的许晨晔。然而，他们面临一个难题，就是几人对销售都一无所知。

于是，便有了曾李青的加入。与自称书呆子的4位初创者不同，曾李青性格外向、口齿伶俐，在众人中显得出类拔萃。曾李青当时在深圳电信数据通信局的一个下属公司担任市场部经理，他曾说服当地一家房地产开发商投资120万元，建设全国首个宽带全覆盖的住宅小区。5人一拍即合，曾李青负责公司销售，马化腾负责产品和战略。然而，正是当时初创者之间的职责分工，以及曾李青的支配型人格，为曾李青同几人的决裂和最终被边缘化埋下了种子。

马化腾投入50万元，注册了一家创业公司，按照当时中国的人均收入水平，这笔资金相当于一个人工作62年所获得的全部收入。当时是马化腾的父亲马陈术帮他跑的工商注册。在备选的公司名称当中，前三个都无法注册，于是马陈术注册了第四个备选名称"腾讯"，其中"腾"暗指马化腾的中文名字，"讯"意指速度与信息，而"腾讯"的英文名称Tencent，体现的则是对朗讯科技（Lucent Technologies）的致敬。由于当时马化腾和张志东并没有正式辞职，于是众人决定让马化腾的母亲黄惠卿临时担任董事长，时间持续了大概有一年之久。

迪斯科球

回顾过去，1998年和其后的一年是全球互联网历史上的分水岭。就在1999年，马云创立了阿里巴巴，后来成为世界第二大电子商务公司。在这之前，即1998年，史蒂夫·乔布斯带来了iMac。微软由于在Windows 操作系统中强制捆绑销售软件，从而引发了美国司法部的有关反垄断诉讼。雅虎杨致远登上了《时代》（*Time*）杂志的封面，并犯下了他一生中最严重的错误之一。当时两名斯坦福大学校友试图以100万美元的价格将他们开发的新搜索技术卖给雅虎，遭到杨致远的拒绝。这两位便是拉里·佩奇（Larry Page）和谢尔盖·布林（Sergei Brin），他们后来成立了谷歌。

腾讯的成功并非一夜暴富的神话。早期，马化腾和其他几位联合创始人在著名的华强北开了一家小店，销售手机、笔记本电脑以及精密监控摄像头。如今的华强北已成为国内科技行业地标。政府对华强北的主要商业区进行了改造，一座座亮闪闪的摩天大楼拔地而起。不过，如果我们细看，会发现这里实际上较之前几乎并没有太大变化，仍旧是众多看上去年纪在17—18岁的年轻男女挤在光线昏暗的商场里，在狭小的摊位后面辛勤工作，在送货员不耐烦的催促声中，摆弄电路板，打包待运输的包裹。在这里，演奏着一首由打包胶带声和喧嚣的20世纪90年代迪斯科音乐交织而成的嘈杂的交响曲。

公司的办公室是一个面积仅为30平方米的小房间，房间的天花板上悬挂着一个迪斯科球，房间里安放着一些桌椅，显得异常拥挤。马化腾当时的想法是推出一款基于寻呼机业务的产品。寻呼机在当时被认为是身份的象征，利润率相当高。然而，将企业的未来建立在硬件设备之上限制了企业的发展，因为硬件设备并不像互联网平台那样能够灵活扩展，同时竞争也非常激烈。这一即将过时的模式将企业带入了困境。与此同时，公司推出的软件产品也并不受欢迎。为此，马化腾将网页寻呼服务的定价降低到最初设想价格的1/7，公司几乎没有收支平衡可言。为了赚取额外的收入，他们同时也开发电子邮件系统。马化腾不敢让另外两位联合创始人辞去全职工作，害怕他们跟着自己喝西北风。公司几乎每天都徘徊在破产的边缘。

在绝望之际，马化腾偶然发现了一项能够拯救公司的业务：ICQ。ICQ由5名以色列人于1996年6月推出，是一个极具开创性的在线聊天系统。那时候，除了技术领域从业者，还没有什么人用过Unix系统，使用微软Windows系统的人占大多数。

ICQ这一名称源自英文表达"I seek you"（我找你）。软件提供免费下载和全方位中心化服务，允许用户使用账号进行一对一对话，由此成了第一款即时通信软件。在线聊天软件的巨大成功引起了美国在线（AOL）的关注，该公司于1998 年收购了ICQ背后的初创企业，这也是美国在线自成立以来最大的一笔收购。

1998年8月的一天，马化腾在广州的街头徘徊，无意中看到了广州电信发布的招标告示，当时广州电信意图开发一款类似于ICQ的软件。

腾讯几位联合创始人都认为从技术上讲他们没有任何问题，然而令他们沮丧的是，广州电信已经有了内定的供应商。于是，几位创始人就是否要启动一个平行项目展开了一场激烈的辩论，争论的焦点是如何才能从中盈利，而答案是：盈利根本不可能。但是，马化腾战胜了其他合伙人，他建议说："要不我们先把它养起来吧。"

于是，腾讯颇受争议的创业经历——一个通过模仿起家的故事便这样拉开了帷幕。中国许多如今堪称巨擘的互联网公司都是依靠模仿西方同行起家的——搜狐模仿雅虎，百度模仿谷歌，微博模仿推特，阿里巴巴模仿易趣……而腾讯的第一次成功则来自对ICQ的模仿。从某种意义上说，这段经历为腾讯日后的复制模式定下了基调，尽管这种模式会一直困扰着它。

马化腾最初对自己团队开发的聊天软件OICQ的预期可以说过于谨慎。在OICQ推出之后，软件用户和企业员工数量都呈现了爆炸式增长，远超乎他最为疯狂的想象。在公司成立3个月之后，几位创始人推出了桌面聊天服务，并为注册用户分配了一串串数字作为用户名。马化腾预留了200个用户名，给自己保留了第一个用户名10001，而其余199个账号都预留给了公司员工。

几位创始人想的是如果OICQ能在3年内能够吸引到1万名用户，就算得上成功了。当时他们保守估计，公司用于服务维护的资金一年只需要10万元左右。俗话说万事开头难，的确没错。"最后用户上来了，最开始没人聊天，我自己要陪聊，"马化腾多年后回忆道，"有时候还要换个头像，假扮女孩子。"[1]

---

[1] 香港大学媒体档案，2015年7月。

服务器崩溃

　　OICQ推出两个月之后的一天，马化腾和陈一丹跑了一整天业务，努力推销寻呼软件，依然徒劳无功。正当两人苦不堪言时，他们欣喜地发现，那款被他们视为副业的小型即时通信软件已经成功吸引了500名用户在线聊天。于是，两个人喝了一瓶廉价啤酒，庆祝胜利。

　　摆在腾讯创始团队面前的还有一件事情。他们非常了解当时的中国用户。1998年，中国只有不到1%的人拥有计算机，大多数人是在网吧上网。在烟雾弥漫的房间，一排排台式电脑陈列着，前面挤满了眼睛布满血丝的青少年，他们往往都是为了玩游戏而彻夜不眠。

　　基于这一考虑，腾讯针对没有电脑的用户，对产品进行了细微的改进。很多竞争产品的用户联系人列表只能存储在本地电脑，而腾讯通过将数据存储在服务器，实现了用户可以在任何一台电脑上查看自己的联系人名单。同时，腾讯还致力于让产品尽可能便于下载。当时，中国的平均网速只有每秒28千比特，而大多数竞争对手的产品都过于庞大，单是下载软件就耗时长达半小时。腾讯成功做到将OICQ的大小缩小为不到其竞争对手产品的1/10，安装时间仅需5分钟。此外，与ICQ不同的是，OICQ还支持用户发送离线消息，以及添加当前在线的陌生人。这两个功能为OICQ最终成为风行的社交网络工具奠定了基础。

一个个漫长的不眠之夜换来了回报。马化腾团队每天修复软件漏洞，并以每周3次的频率推出软件更新。他们得到的回报是OICQ用户自此以每周4倍的速度激增。用户数量的急剧增长，甚至导致腾讯的服务器一直都处在崩溃的边缘。

与美国的情况不同，当时中国服务器价格高昂。于是，身为腾讯首席技术官的张志东便绞尽脑汁精进算法，降低CPU（中央处理器）消耗。这种以低成本保证高效运营的做法，帮助腾讯在创业早期获取了急需的技术能力，也有助其未来在激烈的竞争中占领先机。

然而，OICQ最初的成功也给腾讯带来了一些麻烦。2000年初，美国在线，也就是当时收购以色列即时通信软件ICQ的企业向全美仲裁论坛（NAF）提起诉讼，指控腾讯OICQ的域名"OICQ.com"和"OICQ.net"侵犯其知识产权。在这场跨国诉讼中，腾讯最终败诉，不得不关闭"OICQ.com"网站，继而以"Tencent.com"作为腾讯的主要用户门户。同年12月，马化腾将OICQ更名为QQ，同时主动下线米老鼠、唐老鸭等迪士尼卡通人物头像。

那段日子马化腾十分焦虑。OICQ在推出一年之后依然没有盈利，他和团队不得不四处接活，只想快速赚钱以维持OICQ业务。QICQ发出的"滴滴"提示音有点类似于寻呼机的"哔哔"声，这个声音当时足以让他们一听见便胆战心惊。许晨晔戏谑地说："它好像是一只饿死鬼投胎的小精灵。"

拯救马化腾团队的那根稻草是来自IDG资本的投资。在已故IDG总裁帕特里克·麦戈文（Patrick McGovern）的带领下，IDG资本成为全球风险投资公司中最早涉足中国者之一。

IDG资本创始董事长熊晓鸽（Hugo Shong）后来告诉我："马化腾做了演示。他人很聪明，又非常腼腆。"当时马化腾的英语还不是很好，因此熊晓鸽为他做现场翻译。当然，时至今日，这位创业成功的IT（信息技术）巨子依旧喜欢在参加论坛和接受采访的时候说中文。

尽管当时熊晓鸽疑虑重重，最终IDG资本仍然与电讯盈科有限公司（PCCW）共同注资了腾讯。盈科是当时香港首富李嘉诚幼子李泽楷创立的投资公司。2000年4月，两家公司以总共220万美元的价格收购了腾讯40%的股份。

这笔新注入的资金，足以让腾讯撑上好一阵子。然而好景不长，很快这位略显顽固的创始人，便发现他引以为豪的产品又一次让公司步入濒临破产的边缘。

chapter

第二章

企鹅进行曲

2

哈德斯彭庄园（Hadspen House）是英格兰最美的历史庄园之一，将近2000亩的树林和花园里，小径蜿蜒，喷泉点缀。2013年，库斯·拜克尔（Koos Bekker）一掷千金，以1300万英镑的价格买下了这处房产，他是南非报业集团（Naspers）的董事长，该公司在南非种族隔离时代曾起到过关键作用，后来发展成为如今的现代科技投资巨头。

拜克尔的财富积累主要来自中国，尤其是腾讯。南非报业集团拥有的腾讯股份在高峰时期的市值几乎达到其自身市场价值的3倍。而要知道这家南非企业何以成为中国首屈一指的企业的最大投资人，则不得不从我们在前面提到的烟雾缭绕的网吧说起。

2000年前后，互联网泡沫破灭，硅谷一片哀鸿。微软市值相比其顶峰时期暴跌了63%，思科（Cisco）市值缩水80%，再没有重振2000年的辉煌。席卷美国的恐慌蔓延到了中国的科技领域，也给腾讯带来了不少的烦恼。

尽管腾讯的用户数量呈现爆炸式的增长，直逼1亿，但一直未能形成一个可行的商业模式。腾讯多次向两大投资方寻求资金也无济于事。在美国本土经济的压力下，IDG资本决定套现。市场环境大幅萧条，没人有兴趣投资烧钱的企业，哪怕它是中国发展最为迅速的企业之一。此时，马化腾有意向当时中国互联网领军的门户网站雅虎、搜狐和新浪等出售股份，但也遭到拒绝。

就在腾讯山穷水尽之际，一位自称网大为（David Wallerstein）的美国人出现在腾讯位于深圳的办公室，声称他代表南非最大的电信公司MIH（南非报业集团旗下企业）来谈生意。

网大为操着一口流利的中文，他游历中国各地，随处都看到年轻人在使用腾讯的聊天软件，而且他算得上有些特立独行。那时候，外国人基本都只前往北京、上海这样的大城市，而极具冒险家精神的他却选择了造访腾讯位于深圳的总部。他的冒险和探索精神源自少年时期的游学经历。他16岁起就在日本上高中，已经学会在一堆亚洲人当中泰然自若地和他们打交道。

在网大为21岁的时候，他得到一个机遇。当时，南非报业在约翰内斯堡证券交易所成功上市，获得了一笔意外的财富，正在四处寻找投资机会。于是，网大为入职南非报业，负责寻找投资对象。

网大为从很早就认为中国注定要起飞，成为超级大国，于是到中国担任管理顾问，辅助外国公司进入市场，他的客户主要来自信息技术和电信行业。

网大为说："我每到一个中国的城市，就去当地网吧逛逛，看看那里的年轻人在玩什么游戏。我惊奇地发现，几乎所有网吧的桌面上都挂着OICQ的程序，我想，这应该是一家伟大的互联网企业。"[1]

网大为对腾讯的估价为6000万美元，要求南非报业入股成为腾讯

---

[1]　Y Combinator采访内容。

的第一大股东，并提出以南非报业投资的世纪互联的股份支付投资。然而令他诧异的是，几位腾讯创始人礼貌地回绝了他提出的条件。

因为对马化腾而言，创始团队保有对公司的控制权是至关重要的。

但私底下，马化腾在几个月来第一次找到了开心的理由——至少有人愿意为他一手建立的企业投资，并且给出的估值高出他的想象。

然而，网大为并不打算不战而退，他设法邀请几位年轻创始人共进晚餐。在一顿美餐之后，他成功获取了几位创始人的好感。第二天一早，网大为便再次造访腾讯办公室。这次他极力向几位创始人陈述南非报业可以如何帮助腾讯引进美国的先进思维和技术。

这件事让马化腾很感兴趣。网大为说："最终我意识到，我们需要证明我们可以带来什么独特的价值。"[1]

接下来，网大为在腾讯总部开展了长达数月的谈判和游说，并且说服MIH同意由腾讯创始人保留控制权，并且投资全部以现金支付。2001年，南非报业出资3200万美元成为腾讯最大的外部股东。IDG资本出售了持有的12.8%腾讯股份，依然保留了7.2%，并由此获得了11倍的回报。盈科出售了其所有的股份，即20%的腾讯股份。时至2023年，南非报业依然是腾讯最大的股东。

为促进对腾讯的一项投资，网大为很快移居到美国，为腾讯寻找发展机会。他每隔一周就会返回深圳与腾讯创始团队会面，双方之间的良好合作最终促成网大为于2001年加入腾讯，而那时候腾讯仅有45名员工。[2]

---

[1] Y Combinator采访内容。

[2] 2017年我和网大为会面时，他正在美国加利福尼亚州作为腾讯首席探索官负责腾讯"登月项目"投资，其投资对象包括旨在将无人机送上月球的初创公司Moon Express、阿根廷卫星图像公司Satellogic和致力于开发小行星采矿技术的Planetary Resources。

手握资金的腾讯一心寻找一种商业模式，找到的答案是短信。那时短信在美国尚未普及，很多年之后iMessage方才问世。在美国，短信费用高昂，操作复杂，违反用户使用规律，并且用户的手机套餐包含的短信数量很少。而在中国则相反，电话费高昂，远超过发送短信的费用。就在2001年中国农历新年当日，中国手机用户一天内发送的短信数量几乎是美国手机用户一年发送短信数量的总和。

次年，中国手机用户收发短信数量达到全球短信收发总数的1/3。受日本电信企业NTT Docomo的启发，马化腾联合当时全国最大的电信运营商中国联通，推出了"移动OICQ"业务。QQ用户通过手机短信的方式进行注册，即可在手机上接收QQ消息提醒，运营商仅收取5元/月的资费。虽然腾讯并未直接收取费用，但中国联通会将用户图片下载和听音乐等产生的附加收入和腾讯分成。而腾讯则为运营商带来流量，吸引更多用户加入。腾讯也因此首次实现了盈亏平衡。

然而，这个颇具里程碑意义的事件给QQ团队带来了极大的压力，因为他们的桌面即时通信软件本身并没有赚钱。马化腾最初几次直接盈利的尝试均以失败告终，其中包括在QQ上投放横幅广告、推出付费会员业务、推出企业服务。现在回顾起来，这些概念其实都非常好，但在当时太过超前。对于初创公司而言，推出过于超前的运营模式并不是时机。

QQ提供的服务类似于联系人列表和消息服务。用户一旦离线，则头像显示为黑白，重新上线后头像又变成彩色。用户还可以设置签名，用简单的一行字描述各自的情绪或状态，体现自己的个性。于是，腾讯QQ初步形成了原始形态的社交网络。

当时，尽管QQ用户数量继续呈指数级增长，用户依然不愿意付费，这是当时中国互联网文化的特色。于是，为缩减服务器成本开支，腾讯开始对每日新增注册用户数量实施限制，每日放号由之前的

100万个缩减至60万个。这个举措让网友需要多次申请才能获得QQ账号，申请成功率低至2%。接下来，腾讯又尝试引导用户使用付费短信的方式注册，然而习惯了享受免费互联网服务的广大用户并不买账，而注册QQ账号变得困难且昂贵的事实引起了他们强烈的不满。

然而，这并未动摇马化腾收费的决心，他在公司内部会议上仍然坚持继续实行收费模式。在企业发展初期，在生死存亡关头，赚钱显然比受欢迎更为重要。马化腾说："腾讯不会被骂死，但是肯定会因为找不到盈利模式而失血致死。"

这一决定招致了血的教训，竞争对手们察觉到机会，纷纷推出同类产品，分流了QQ的用户。雅虎、斯盖普（Skype），还有一大批本土竞争企业争先恐后地推出各自的即时聊天工具。一夜之间，腾讯失去垄断地位，不得不面临30多个竞争产品的围追堵截。

马化腾很快明白，想要一家独大非常困难，尤其是在当时中国知识产权保护机制尚不完善的情形下，创意和设计极其容易被复制，对于市场反应良好的产品尤其如此。当然，事实上腾讯本身便是靠模仿复制起家。

2003年，利用QQ3周岁生日的机会，QQ再次向用户开放免费注册的通道，新开通移动QQ的用户可以免费拥有一个长期账号。不久之后，腾讯QQ再次全面开放免费注册。但这样一来，腾讯不得不寻找新的、可行的商业模式。在公司内部，马化腾团队提出了销售虚拟货币的想法，但他们需要找到一个引诱用户购买虚拟货币的理由。

此时在韩国，虚拟社区"sayclub.com"正在试验虚拟形象的概念。虚拟形象可以是设计简单的卡通头像，也可以是身着设计精美的衣服的形象或者特殊角色，用户通过这些虚拟物品在网络世界中展示自己的个性。这一功能很快风靡韩国的顶流网站。马化腾的团队不懂韩文，于是他们花了400元请人将sayclub网站的内容翻译成中文，但晚了一步，被网易抢占了先机。

腾讯不得不快马加鞭赶上去。马化腾立即成立了"阿凡达小组"，短期内就推出了800多款虚拟道具——衣服、项链、太阳镜、各种发型，这就是后来的QQ秀。QQ秀于2003年1月上线，腾讯还向第一批用户赠送了10个虚拟Q币。

QQ秀非常受20多岁的年轻人的欢迎，它的基础道具并不贵，每件只要0.5元。但是，用户希望通过更加个性化的装扮在虚拟世界构建自己的角色，因此愿意花费更多的钱来装扮自己的虚拟形象。很多人把QQ作为交友软件，随便加一个陌生人，便开始在虚拟身份的掩盖下和对方聊天，更有一些人喜欢营造自己出手阔绰的形象。

马化腾也得以在网络世界打造出了另一个自己。作为QQ秀的第一批用户，他花钱打造了留着长发、戴着墨镜、穿着紧身牛仔裤的虚拟形象，这个牛仔装扮的形象与他在现实生活中的极客形象相去甚远。

腾讯出售的其实不是虚拟服饰，而是情感的寄托。马化腾说："朋友看到我在QQ上的形象，就能知道我是一个什么样的人。"

QQ 新闻

马化腾认为腾讯进军新闻门户业务的时机已经成熟。他长久以来一直热衷于建立一个像雅虎那样的信息聚合平台，只不过这一想法在公司内部遭到联合创始人的多次否决。

新闻门户这一概念当时在中国并不是什么新鲜事。腾讯的对手新浪早在1996年就开始创立此类业务，搜狐和网易紧随其后。这一领域盈利前景可观，再加上美国雅虎做得相当成功，对腾讯极具吸引力。

马化腾坚持认为建立腾讯自己的新闻门户对公司具有战略性意义。他计划对腾讯现有的社区型网站进行改造，当时腾讯的社区型网站用户数量已经达到100万名，再整合其他平台的新闻内容。腾讯为此挖来了曾任网易高管的孙忠怀，并专门在北京设立基地。当时腾讯四处寻找一个新域名，这一过程非常幸运。马化腾对"www.qq.com"这个域名心仪已久，然而域名持有人先前要价2000万元人民币，这让他感到有心无力。幸运的是，网大为以个人名义联系了域名持有人，对方竟同意以6万美元的价格向腾讯出售该域名。经过3个月的内测，服务网站正式上线。

新的门户网站让腾讯整合旗下互联网服务的愿景变成了现实，即时通信、社交媒体、音乐和新闻全部整合到了一个平台。此外，每当有突发新闻事件，腾讯的即时通信软件会及时弹出腾讯网的新闻报道。

网大为说："我们构建了一个复杂的体验式服务网络，而我们的竞争对手都还没有涉及这一块，这有利于凸显我们的优势和特色。"这同时也有助于QQ业务的持续发展。[①]

也正是在那个时期，腾讯建立起一个传统，即定期召开双周会议。会议由马化腾主持，十几名公司核心管理人员参加。时间从上午10点开始，往往持续到第二天凌晨2点以后。

在最终作出决策之前，马化腾总是会集思广益。在整个过程当中，项目经理通常起着关键性的作用，马化腾则极少动用否决权，他更像是一个斡旋者。腾讯的一些最为重要的决策都是在午夜之后敲定，包括通过其主打产品微信的提案。一个提案获得多数选票，则获得通过。而这种马拉松式的会议，对腾讯高管来说，更是一种身心抗压测试。

_____

① 　Y Combinator采访内容。

公司上市

2003年，马化腾遇到了刘炽平。刘炽平佩戴眼镜，行事谨慎，时任高盛亚洲投资银行部执行董事，日后成了马化腾的左膀右臂。

马化腾在与刘炽平第一次会面时显得有些矜持。据刘炽平回忆："马化腾不太爱讲客套话，不过在谈到自己产品时又可以侃侃而谈。"

两人选定在香港港丽酒店大堂见面，讨论腾讯启动首次公开募股（IPO）事宜。腾讯是出现互联网泡沫以来国内最早上市的互联网公司之一，而刘炽平当时主管高盛香港办事处电信和媒体类业务。

在筹备腾讯首次公开募股期间，刘炽平和团队全力以赴，他们一度绕过公司防火墙，让同事在北京协助注册QQ账号，以便赶在与腾讯会面之前将注册的QQ账号印在各自的名片上。

刘炽平的成长经历给马化腾留下了深刻的印象。他说一口流利的普通话，而在当时，香港银行家一般只说粤语，这让他显得卓尔不群。刘炽平出生于北京，父亲是印度华裔，母亲是印度尼西亚华裔，从事的都是电子工程行业。1949年，他们响应侨民建设祖国的号召，分别回到中国，在北京相识并结婚。

刘炽平和姐姐出生在20世纪70年代。在他6岁时，举家移居香港。刘炽平的祖母在巴基斯坦定居。他们一家人原本打算追随祖母移居巴基斯坦，然而，途经香港时，他们发现这座繁华大都市正迅速发展成为贸易和商业中心，于是选择了在当时仍处于英国殖民统治下的香港定居。

刘炽平的童年都是在香港度过的。童年时代的他，在家里的Apple IIe电脑上玩电子游戏，还梦想成为一名火箭工程师。他说："父母告诉我，工程师在什么环境中都能谋求生存，因为无论什么时代都需要技术人才。"

后来他就读于伦敦国王学院（King's College London）预科班，学习成绩出类拔萃。不过，他逐渐发现只有美国人才有机会参加太空竞赛，于是随后决定转到密歇根大学安娜堡分校（University of Michigan in Ann Arbor）学习电子工程。

当时，密歇根大学管理学教授杨国安去底特律大都会机场接他。这位教授后来成为刘炽平的导师，并最终成为腾讯的顾问。同为香港人的杨国安乐于帮助同胞手足融入当地生活，他介绍刘炽平去校园附近的一座教堂。刘炽平后来定期前往，并在那里遇到了未来的妻子米莉（Millie）。米莉同样是香港人，当时在美国学习商科。

刘炽平凭借优异的学习成绩斩获了一系列学位证书。他先是从密歇根大学毕业，随后在斯坦福大学获得工程硕士学位，之后在西北大学凯洛格商学院获得工商管理硕士学位。毕业之后，他曾先后在麦肯锡和高盛任职。

刘炽平带领团队针对腾讯展开了细致的研究，力争帮助腾讯成功完成首次公开募股。他本人没有用过QQ，于是便在中国就地组建团队，研究QQ为何能如此吸引那些网吧中的年轻人，尤其是25岁及以下的年轻人。

刘炽平直言腾讯目前采用向用户收取一定的费用，允许用户通过手机短信接收好友QQ讯息的营收模式，将造成公司对电信运营商的绝对依赖，使企业发展受到极大制约。他因而建议腾讯利用QQ的网络效应，采取交叉销售的方式，向用户销售新闻等其他服务，这样一来会更加吸引投资者。

马化腾对于这一提法非常满意，他感觉终于觅得了知音。之前，他之所以力排众议，不顾联合创始人和公司团队的反对，执意拓展游戏和新闻门户业务，正是出于同样的担忧。

为了展现该方案的效果，刘炽平还特意设置了一个角色扮演环节，向马化腾介绍吸引投资的技巧。他安排一位投资者扮演苛刻的投资人，其他银行家扮演联合创始人，刘炽平的老板则扮演马化腾。刘炽平说："我们现在建立了一个强大的品牌形象。"

基于这一策略，高盛于2003年9月顺理成章地拿到了腾讯的上市业务。这个项目刘炽平运作了9个月，参加了包括在美国和南非举行的80多场投资人见面会。当时讨论最多的是在纽约上市还是在香港上市，因为在那个年代，鲜有科技公司选择在香港上市。

各创始人就此展开了激烈的辩论，大多数第一代互联网公司都渴望在以科技股为主的纳斯达克或纽约证券交易所上市。刘炽平却说："我们认为中国市场潜力巨大，我们需要与终端用户保持紧密联系。"最终，马化腾接受了高盛有关在香港上市的建议。

由于腾讯是在香港首次公开募股的科技企业之一，香港证券交易所对他们提出了许多问题，他们都一一应对。马化腾与刘炽平就企业估值展开了讨论后一致同意在公司估值方面保守一些，不可像美国市场企业那样激进。

刘炽平提出，在公司估值上保守一些是正确的，切不可过于冒进。过高估值一方面会给投资者带来过高的期望，另一方面也会由于一夜之间虚增的财富给企业持股员工造成困扰。他说："当前不宜继续扩大员工数量和提升员工激励，此举对公司股票发行无益，应当放在公司发展放缓的时候推行。这也同公司创始人团队的想法契合。"

一次，在乘坐飞机参加首次公开募股路演的途中，腾讯首席技术官张志东和联合创始人陈一丹突然问刘炽平是否考虑加入腾讯。马化腾和几位联合创始人均为计算机科学领域出身，几乎没有任何国际经验，他们深知公司要长足发展，必须寻觅这类人才。

而刘炽平认为，作为腾讯上市的服务方，一旦接受邀约则将构成商业利益冲突。他同时也承认，这一邀约在当时对他来说还缺乏吸引力。他说："从某种程度上来讲，当时我仍然在观望。"

腾讯于2004年6月上市，成功募资14亿港元（约合1.8亿美元）。其早期布局游戏等其他领域的举措获得了回报，当年公司营收增长了55%。到2004年底，马化腾和其余几位腾讯联合创始人身价已达千万美元，他们再次向刘炽平发出邀约。

这一次刘炽平选择了加入。刘炽平说，他之所以在第二次接受了邀请，是因为他认为自己在工程方面的特长可以得到发挥。刘炽平表示自己也接受了大幅减薪。随后，刘炽平出任腾讯首席战略投资官，负责投资者关系和并购，而这两个领域当时在中国基本上还是一片空白。

刘炽平将美国企业的标准做法引入腾讯，如设定收入目标，他还制订了一项进军社交网络和数字媒体等新业务的5年计划。纪源资本（GGV Capital）管理合伙人、同为滴滴股东的童士豪先生就此评论道："像腾讯这样在2004年高速发展的新兴企业，迫切需要向这些领域拓展。"

电信滑铁卢

2004年，腾讯还传出另外一个喜讯，时年33岁的马化腾步入了婚姻的殿堂。马化腾与妻子是通过QQ相识的，对方原先并不知道他的身份。在员工中流传着这样一个说法：马化腾当时刚好临时开放QQ接受好友请求的权限，以便添加一位同事为好友。而就在等待对方添加的间隙，收到了一条来自陌生人的讯息："你是谁？"马化腾打趣地回答道："我是企鹅爸爸（企鹅是QQ的标志）。"对方也开玩笑地回了一句："那我是企鹅妈妈。"

发消息的人正是马化腾后来的妻子。马化腾乐了，他说自己是一名计算机工程师，于是一段浪漫的网络爱情揭开了帷幕。两个人在网络世界坠入爱河，随后在线下见面，开启了真实世界的爱情。

两个人后来在深圳威尼斯酒店举行了一场简单的婚礼，当时腾讯的员工欣喜若狂，因为马化腾单身的时候经常工作到晚上10点过后依然乐此不疲，他们以为结婚后老板就能暂时消停下来。然而，令众人没想到的是，没过多久他们便又开始收到来自马化腾的午夜电子邮件轰炸。

同年7月，公司迁移新址，760名员工整体搬迁。马化腾收到一份来自董事会的礼物——一台天文望远镜，他们希望自己这位有恒心、有毅力的老板可以带领公司走向更好的明天。这份礼物送得恰逢其时，因为整个团队即将再次经历一段磨难。

在资本市场，腾讯刚一上市就遭受重挫。当时，移动短信业务发展并不乐观。为了吸引用户，许多增值内容服务商开始以擦边球的方式向用户提供色情内容，还有一些服务商未经用户同意，随意向用户收取费用或捆绑销售产品，以赚取更多利润。就在腾讯上市当天，监管部门发布了有关清理整治短信服务内容的新规。腾讯股价因此受到重创，散户投资者在购入的第一天就抛售公司股票，导致公司股价跌破发行价。

马化腾早已预见到这一危机，在公司内部会议上，他要求团队采用不同的颜色对内容敏感度进行编码。比如，色情内容就严格划为红色类别，禁止发布此类内容。

不过，因为其他竞争企业并没有因此而变得谨小慎微，只有腾讯采取了审慎的政策，腾讯的短信服务收入一度从第一位跌至第四位。

同时，竞争对手在抄袭腾讯产品方面也无所不用其极。有些公司甚至复制了QQ的所有功能，包括群聊、表情和截屏，还疯狂降低价格以吸引更多用户。

更多的麻烦接踵而至，中国移动等电信运营商提出要提高分成比例。基于即时通信的短信系统对于这些国有企业来说是吃力不讨好的业务，因为这类服务引发的投诉量高，占总投诉量的70%，而赚取的收入低，仅占总收入的3%。

运营商因此要求提高分成比例，腾讯不得不大幅降低自己的分成比例，从原先的85%降低到当前的一半。

此外，腾讯还即将面临迄今为止最为强大的竞争对手。2004年，微软的MSN横空出世，扬言要凭借其技术和资金优势击败腾讯。

chapter

第三章

对战巨头：灵魂探寻之旅

3

对战微软

2004年，在微软工作了9年之久的熊明华由总部调往上海，受命组建MSN中国开发中心。这个任命让腾讯感到很大的压力。多年来，微软一直意图扩大其在中国的业务，对于像腾讯这样的第一代科技企业来说，与比尔·盖茨（Bill Gates）所创立的公司竞争似乎是一件无法避免的挑战。

这一次，腾讯与业界巨头之间的斗争一触即发。

微软是一个异常强大的竞争对手，其中一个原因在于，尽管微软并未在中国本土运营，其即时通信产品MSN却已经拥有为数众多的中国用户，用户数量是当时腾讯另外一个主要的竞争对手网易的3倍。

MSN的一大优势在于，其界面设计别致、造型流畅，对城市上班族和学生群体极具吸引力。而QQ的设计对这两类人群则显得有点"草根"，不符合他们的审美品位。

这一点，我个人就深有体会。随着中国城市家庭的财富逐渐增加，个人电脑变得越来越普及。当时，同学向我推荐了MSN，于是不知不觉中，每每在我电脑桌面上弹出的第一个软件便成了MSN。不管我是在工作还是在播放音乐，MSN都在保持后台运行。凌晨时分，熬夜的我看到有好友登录，总能获得一种莫名的慰藉。一个人孤单的时候，哔哔的消息提示音能给人带来一种独特的愉悦。

根据易观国际（Analysys International）发布的统计数据显示，当时在中国2000万名商务和白领用户中，MSN占据了53%的市场份额，比QQ高出了6个百分点。这个成功让微软的高层惊讶不已，他们竟认为自己发现了中国市场的契机。

熊明华是江西人，博学多才，总是戴着一副眼镜。他毕业于国防科技大学计算机专业。在20世纪80年代的中国，开设计算机专业的高校为数不多。早年，熊明华曾在一家台湾地区的企业从事Windows汉化工作。1992年在中国科学院软件研究所所属的中美合资公司任职，1993年在康涅狄格州KT国际公司担任软件架构师。

熊明华说："那两年是我最艰难的两年。我在国内学到的所有英语知识不足以应付当前的工作。"当时，他一个人在一个初创企业独当一面，包揽了从代码测试到客户支持再到销售等一切事务。

他想要改变现状，于是向两家公司投递了简历，这两家公司便是IBM（国际商业机器公司）和微软。他说："那时候对于像我们这样的程序员来说，这两个公司是最好的选择。"在IBM短暂任职之后，1996年微软将他挖走。在微软工作期间，他参与了微软与网景（Netscape）的争夺，表现突出。此外，他还负责了微软的IE浏览器和MSN聊天软件项目。

到2001年他打算兑现公司期权的时候，他已经在中国新兴科技圈内小有名气，同时也深受腾讯创始团队的赏识。那时，他已经出版了两本关于软件开发的著作，还担任浙江大学的客座讲授。他的讲座总是座无虚席，其中有两位就是腾讯的联合创始人任宁昕和吴宵光。

张志东也向熊明华发出了邀请，两个人在位于繁华上海法租界旧址的一家餐厅喝了两瓶红酒，就技术、编写代码和中国科技发展侃侃而谈。张志东对于技术的娴熟让熊明华印象深刻，但对于张志东提出的加入腾讯的邀请，他却并未理会。MSN并没有把QQ看在眼里。熊明华回忆说："它的UI（用户界面）做得太烂了。"

当时，业界一度盛传一个笑话，说是QQ已经完成了最为艰苦的前期工作——培育用户和培养用户使用习惯，而MSN则恰逢其时地进入市场，分流了亟须升级体验的客户。在大家看来，QQ的主要用户群体是年轻人和低收入群体，许多时候他们要么在玩桌面游戏，要么沉迷于虚拟世界，QQ便成了他们与人交流的工具，而MSN则是白领群体的首选，是一种共享工作信息和文档的工具。

2003年，熊明华带着妻子和在西雅图长大的大儿子和小女儿正式回国，定居上海，以帮助微软在中国的扩张。没过多久，他就组建了一支30人的团队。凭借自身的影响力，他从全国一流大学中广纳精英。对于腾讯的创始团队来说，就好像一艘航母开进了他们的海域，他们正在与一艘战舰对战。

为了更多地专注内容，MSN将其门户业务外包给了当地合作商，将电子商务、汽车和新闻等多个垂直领域分包给了阿里巴巴等企业。此乃精明之举，让微软得以规避在国内内容方面的法律法规风险，同时也实现了消息流量即时货币化。一夜之间，这家美国巨头集结了一大批同盟企业，形成了一个与QQ对战的强大联盟。

MSN同时还借鉴了QQ的发展模式，通过收购一家深圳企业，推出了每月10元的短信包月服务，用户可通过手机短信接收电脑软件上的讯息。同时，在全球范围，MSN实现了与雅虎的互联互通，这些举措都对腾讯构成了强有力的威胁。

腾讯只能奋起抗争，开展了自QQ上市以来最大规模的产品改进。

2004年9月，QQ改进了文件共享和存储功能，以吸引高端白领人群。这是腾讯采取的一系列扭亏为盈举措的第一步。马化腾再次向业界证明，腾讯是可以赢得高端用户的。

马化腾也一改以往沉默寡言的作风，在一次腾讯举办的媒体发布会上，他公开宣布了QQ的愿景目标。截至2005年6月，QQ用户已达4.4亿名，这一数字是美国和日本人口的总和。马化腾提议重新定义即时通信，他还表示，今后QQ这类产品不再仅仅是一种通信工具，而会成为一个集信息、游戏、博客和视频等于一体的平台。他更宣称聊天平台正在改变人们的生活方式——"中国的即时通信应用目前已经领先世界"。

马化腾不习惯在公众场合发表演说，首次亮相非常紧张，他照着事先拟好的稿子读了起来。据马化腾的共事者回忆，当听众超过100个人时，他就会感到脸红。然而，人们也看到了他的远见卓识。他预见了娱乐和社交媒体元素与即时消息的整合，以及用户即将升级的安全和隐私保护需求，这为腾讯未来10年的发展奠定了坚实的基础。

马化腾尽力守护着QQ的"疆域"，以捍卫用户利益为由，反对任何有关平台开放的提案，甚至一度拒绝了MSN与QQ互联互通的请求，在这个问题上，他十分固守。

事实证明，马化腾的决定是正确的。微软MSN中国开发中心后来出现了内部管理问题，导致其在国内首战告捷之后便一直举步维艰。由于内部管理体系官僚化，MSN中国开发中心所有信息都需要首先传递回总部，再发至MSN中国开发中心进行决策，这样的结果使MSN的决策速度大大慢于其一直在与时间赛跑的竞争对手——腾讯。

例如，MSN中国工程师很早便提议实现用户在登录时接收离线消息，然而，该建议最终甚至根本没有获得能在总部会议上讨论的机会。而另一边，腾讯则仅仅用了短短几周便实现了这一功能。

熊明华后来回忆说："确实，腾讯当时界面很糟糕，服务漏洞也很多，然而他们的速度却非常快，不断推陈出新总好过按兵不动。"他当时负责MSN中国开发中心，手里却只掌握批准50万美元及以下项目的权限，在整体业务战略方面更是谈不上有任何决策权。

时至今日，反应迅速、持续推进微型创新与升级，依然是腾讯的一大特色。腾讯的任何产品和服务都能够保证最慢以隔周一次的速度推出修复或升级。这一做法被称为"小步快跑，快速迭代"，业已成为中国科技行业的惯例。

相对而言，微软在软件产品升级方面一向态度更为谨慎，速度更为缓慢。腾讯自创立伊始便开创了一种小巧灵活的互联网运营方式，能够实现每周一次的软件服务更新频率，以不断修复软件漏洞。

MSN门户业务的本地合作伙伴也没有成功实现流量货币化。为了赢得更多的广告商，他们常常互相压低广告价格。另外，国内监管机构整治移动短信乱象也在一定程度上遏制了MSN收入的增长。与此同时，腾讯则宁可牺牲短期收入增长，也要不遗余力地发展QQ业务。

MSN面临的另一个问题是所有重要用户数据都存储于其位于美国的服务器，服务器响应速度慢，用户体验不佳。这是由于中国禁止外国公司在境内运营数据中心，而微软又不愿将用户数据存储在本地供应商服务器。

MSN中国用户单单登录软件便需耗时两分钟之久，用户体验受到极大影响。后来，MSN终于在香港建立了数据中心，此时大量市场份额已经被QQ获取。

2005年底，MSN更是犯下了一个致命的错误——微软将聊天服务整合到一个更为庞大的平台Windows Live。对用户而言，升级后的版本更像是一个网页插件，之前的即时聊天工具一夜之间不复存在。这个版本一发布，腾讯便知道这场战斗已经结束，腾讯赢得了胜利。

　　由此，这家由传奇人物比尔·盖茨参与创立的全球科技巨头在同中国本土企业的争夺中败北。而后来，在中国本土竞争中遭遇滑铁卢的全球企业还包括知名企业易贝（eBay）、亚马逊（易贝和亚马逊败给腾讯的主要竞争对手阿里巴巴）以及优步（最终败给滴滴并由滴滴收购）。

　　对决MSN的这次胜利让腾讯在国内声名鹊起，同时名声也传到了美国硅谷。经过这一事件，腾讯对高端人才群体具有了极强的吸引力，他们开始广纳贤士。

　　回顾这次较量，我们不难发现，彼时微软并未把在中国的即时通信之战放在眼里。当时，微软正疲于在美国与谷歌争夺，中国业务仅占其全球业务的2%。然而，对于那次争夺，腾讯则是全力以赴。

　　熊明华总结道："在我看来，微软最终是败给了自己。"在与腾讯竞争失败之后，熊明华离开了微软，不久之后他再次出现在腾讯面前。

　　熊明华应该算是马化腾的竞争对手，然而马化腾并不在意。相反，当年的华山论剑让他对这位微软老将印象深刻。

　　熊明华与马化腾初次见面是在2005年，当时熊明华前往深圳替微软收购一家本地企业。马化腾主动与之攀谈，随后腾讯的5位联合创始人邀请熊明华共进晚餐，席间众人探讨了技术、产品等话题。在熊明华看来，腾讯团队在技术团队管理方面依然停留在石器时代，比如其在界面改进和漏洞修复方面并没有一套系统的方法。

　　熊明华说："微软和腾讯是一个在天上，一个在地下，腾讯和微软比差得太远。我真心希望能帮助腾讯，向他们传授微软的先进方法。"

　　熊明华从微软离职后，马化腾再次向他发出邀请，这一次他欣然接受了。熊明华最初的想法是在腾讯待上两年，向这个斗志旺盛的团队传授专业的知识，以帮助他们了解公司构建、用户界面开发和漏洞修复方面的最优方法。为了这个目的，他甚至愿意接受较之前减少一半的薪水。

华丽变身

然而，熊明华加入腾讯后，一干便是8年，见证了腾讯由一家仅有2000名员工的小公司发展成为拥有3万名员工的大型企业，他在员工招聘方面的改革举措功不可没。

熊明华上任之后便定下一个新规，部门的每一名员工均须由他亲自面试。面试通常安排在每天下午6点之后。一天工作结束之际，哪怕面试已经进入到最后一轮，已通过人力资源部门及其他人员层层筛选出的佼佼者依然会被熊明华刷掉1/3。

熊明华强硬的面试官形象很快就在坊间传开，这也让腾讯的几位创始人感到耳目一新。他提出的面试问题极少有确定的答案，让腾讯创始人感到颇为新奇。相反，他鼓励求职者跳出思维的条条框框。例如，当时腾讯的总部位于深圳西北面的飞亚达大厦，大厦电梯速度出了名的慢。于是，熊明华便让面试者回答，如何能将等待电梯的时间减少一半，以考察面试者处理和分析问题的能力。面试者会给出同样的回答吗？会不会出现五花八门的答案？他们会想到先询问一下公司的预算、产品设计和工作轮班制度吗？

一些面试者提出禁止低层上班的员工乘坐电梯，还有一些建议首先展开调查，找出问题的核心所在。然而，还有很多人只是尴尬地坐在那里，面红耳赤，一句也答不出来。熊明华说，国内的教育制度强调记忆力，而产品经理所需的并不是这一点。他说："我们所招聘的员工要有学习能力，要能解决问题，能提出独特的解决方案，这一点是非常重要的。"

如此严苛的招聘流程源自一个古训：5人全力以赴胜过50人的三心二意，众人团结起来才可以打造出更好的产品。熊明华说："任何一个新员工的遴选都应当十分谨慎，因为某个员工的素质不仅决定其自身的业绩，还将影响整个团队的士气。如果团队中有一人懈怠，并且还无须承担责任，那么其他人便会效仿，如此一来整个团队士气就会受挫。"

除此之外，腾讯还缺乏一套足以支撑企业快速发展的绩效评估体系。它当时发展迅速，却没有一套软件漏洞预防机制，无法追踪到漏洞的责任人，并进行相应的奖惩。

因此，针对想要成为管理人员和专业技术人员的员工，制定双序列职业发展体系，具有重要的意义。腾讯当时将工程师岗位划分为四个级别：助理工程师、工程师、高级工程师和专家工程师。申请高级工程师的条件是已经开发出拥有千万名用户的产品，而申请专家工程师则需要已经开发出拥有上亿名用户的产品。

在推进上述变革的同时，腾讯还进行了公司重组，在新项目开发方面给予员工更多的自由。公司摒弃了仅由研发中心提出创意的理念，让创意完全分散化。这反过来又形成了这样一种观念，即公司员工必须通过特定产出来证明自身的价值。

从好的方面来看，腾讯员工由此变得更为激进，他们追踪竞争对手和新兴产品开展测试，心安理得地窃取竞争对手的产品概念。

这一策略让腾讯得以保持行业领先地位，击败众多规模较小的新兴企业。凭借QQ的用户数量，腾讯的流量和网络足以让对手一败涂地。公司业绩一飞冲天，股价自上市以来上涨了40倍，并于2009年底创下历史新高。在如此巅峰时刻，马化腾一掷千金，耗资4.8亿港元在风景秀丽的香港石澳购入一座面积700多平方米的豪宅，由此与香港首富李嘉诚之子成为邻居。

下放权力、分散研发创新策略的缺点，便是团队成员的工作效果参差不齐，产品发布仓促。不久之后，腾讯便因抄袭他人而"臭名远扬"。

2010年7月，《计算机世界》在其封面头条刊登了一篇题为《"狗日的"腾讯》的文章，用一只身中多刀的腾讯企鹅作为封面。这一画面刘炽平至今仍印象深刻。

刘炽平在2017年的一次采访中说："腾讯在整个行业引起了极大的反感。大家都说没有它不染指的领域，没有它不想做的产品，它在与业界为敌。"

3Q 大战

在诸多混战中，腾讯遭遇的最大危机莫过于与奇虎360的争夺。

奇虎360是周鸿祎创立的一家互联网安全领域的初创企业，周鸿祎也是一个好斗的人。他有点喜欢反其道而行之，时常标榜自己是"小人物"的代表：声称为用户而战，挑战以腾讯为代表的大型垄断企业。

在奇虎360成立后的短短4年内便凭借其浏览器和杀毒软件，获取了超过1亿名的用户。2010年，周鸿祎发起了一次突袭，以应对腾讯围剿，主要指控腾讯窥探用户隐私。

奇虎360称已掌握相关证据，可以证明QQ在未经用户许可的情况下偷窥用户个人隐私文件和数据。

在这场声势浩大的运动中，腾讯被描绘成一个无时不在窥视用户隐私的"老大哥"。周鸿祎一向精于媒体运作，并且大胆直言，他一度在自己拥有数百万粉丝的个人微博发文，指控QQ窥探用户隐私。

当时十一假期刚刚结束，腾讯员工复工上班，却发现公司已处于公共危机的风口浪尖。腾讯选择了不予回应，还以不正当竞争为由对奇虎360提起诉讼。然而，结果适得其反，更加强化了腾讯倚强凌弱的形象。一首朗朗上口的歌曲《做人不能太马化腾》更是开始在网上流传，控诉腾讯的山寨行为。

2010年10月29日，奇虎360选在马化腾39岁生日当天放出一个重磅炸弹，推出一款名为"QQ保镖"的产品，声称可以帮助用户识别QQ所有的安全漏洞。

当晚，腾讯高管齐聚腾讯总部大厦37层，听完首席技术官张志东的汇报后，马化腾脸色铁青——奇虎360挖走的QQ用户数量即将达到2000万名。假设每个QQ用户有40个好友，再这样持续一周，奇虎360很有可能会把8亿名QQ用户全部挖光。

2010年11月3日，腾讯告知用户，QQ将不兼容奇虎360软件——逼着用户作出选择。随后，事情的发展只能用一场闹剧来形容，腾讯公关部总经理刘畅在新闻发布会上声音哽咽、痛哭流涕，说强迫用户二选一实属无奈之举。

然而，媒体的报道并不如腾讯所预想的那样。当时有一篇报道题为《失控的腾讯帝国》，另一篇新闻题为《诊断腾讯：眼中没有公众难成伟大》。

腾讯邀请了几十名行业专家，接连召开了10场闭门会议，被员工戏称为"众神会议"。专家的任务是批评和责难腾讯高管。

与会专家不负所托，言辞激烈，但"对于专家们究竟提出了多么尖锐、直白的批评，腾讯员工一无所知"。DCCI互联网数据中心创始人胡延平表示，他当时也参加了闭门会议，说"这是腾讯高级管理层首次面对这样的炮轰"。

来自专家们的反馈也让腾讯高管明白，他们的问题远远不止是公司拙劣的公关处理方式，尤其需要致力于摆脱抄袭者的恶名。

腾讯针对奇虎360提起的不正当竞争诉讼历时4年，最后以胜诉告终。奇虎360被责令赔偿500万元。然而，这次战斗为马化腾敲响了警钟。

"这场争夺本身无足轻重，重要的是我们招致了众多敌对意见。我们开始意识到，有些地方确实出了问题。"刘炽平如是说，而他今后也在腾讯出任了更为重要的职务。

刘炽平当时在腾讯已身居要职，足以令公司做出一些改变。一度在高盛担任高管的他在腾讯一路平步青云，一年之内便荣升公司总裁，负责公司的日常运营。这期间又恰逢腾讯的一位联合创始人出走。

这位创始人是腾讯的销售行家，极具人格魅力又直言不讳的曾李青。他于2007年从腾讯离职，此后专注于投资各类初创企业。尽管从表面看来，曾李青与腾讯团队非但并未出现嫌隙，反倒异常和睦，然而多年之后我才获悉，曾李青当时出走的一部分原因在于其在愿景和性格方面与团队其他成员产生了分歧。

据知情人士透露，马化腾和曾李青在很多问题上素来有分歧。而马化腾持有公司多数股份，因此拥有更多的话语权。与曾李青相比，身为职业高管的刘炽平没有什么威胁，更加适合扮演马化腾所需要的拥护者角色。

在总裁候选人方面，各位创始人都各有所想。有一次公司高管做接班人模拟训练，每位创始人需要挑一位候选人，马化腾选择了刘炽平。

这也不单是一场企业内部的政治斗争。就熊明华来说，与奇虎360的争夺以及管理3万名员工的压力已经让他身心疲惫。他时年48岁，腾讯员工平均年龄只有25岁，他已经是公司年龄最大的员工。再则，当时他的孩子打算回美国上学。于是，熊明华决定不再兼任原平台研发系统高级执行副总裁职务，而是选择开启人生的新篇章。

　　腾讯在从弱到强的发展历程中，经历了所有企业都会面临的成长阵痛，也遇到了一个更为紧迫的问题：公司及其产品是否能够为企业、社会和未来带来更多的益处？腾讯已经成为中国科技行业举足轻重的企业，然而大多数腾讯高管的思维还没有跟上这一转变，整个公司当前事事亲力亲为，广泛涉猎的策略必须有所改变。

　　而与此同时，马化腾和刘炽平正酝酿一项计划，此举将成为腾讯的一个重大转折点。

里程碑交易

2013年中期，我从知情人处获悉，腾讯即将开启迄今为止最大的一次结构性变革。我获知的一条重要线索是，腾讯即将达成一项具有里程碑意义的并购。在接下来的几周里，我搜集到了更多的消息。

原来，此次收购的对象是当时中国最大的搜索引擎之一——搜狗。2013年9月，腾讯斥资4.48亿美元收购中国第三大搜索引擎搜狗36.5%的股份，并将两个公司的搜索产品合并。此举使腾讯达成了两个方面的目的：一方面，腾讯得以入股当前竞争白热化的搜索行业的巨头，出价超过了当时呼声甚高的奇虎360；另一方面，更为重要的是，这是腾讯第一次愿意放弃"亲力亲为"的策略，转而选择支持业界翘楚。

多年以后，刘炽平表示，当时腾讯的想法非常简单。腾讯拥有两个核心竞争力：资本和流量。

刘炽平说："除了我们，还有很多优秀的企业家，与之为敌对我们并无助益。如果我们无法将他们收归麾下，还有什么其他办法呢？想要从他们的成功中分一杯羹，最好的方法，便是投资这些企业。"

投资成为腾讯新战略的突破口。自此，腾讯将翻开新的篇章，不再是初创企业杀手，而是摇身一变成为初创企业的孵化器。而且，腾讯的投资方式往往是持有企业少数股权，并着力培育一个生态系统。

尽管当时腾讯从未公开这一策略，但我从一开始便敏锐地察觉到了这一切。腾讯不仅成功转变了自身的思维方式，还改变了其在整个中国科技行业的影响力，逐渐成为各种共同基金、主权财富基金及散户的投资对象。投资人坚信腾讯一定会发展壮大。腾讯在资本市场、投资领域的动作成为我还有新闻机构重点跟进的内容。

在腾讯收购搜狗的5个月之后，又爆出一条重要新闻：腾讯将剥离其电子商务业务，将其出售给中国第二大在线零售商京东，并出资2.14亿美元，收购京东15%的股份。

腾讯当时的想法是，既然自己并不熟悉电子商务业务，那么不如投资市场上最优秀的企业，从而获取收益。

高瓴资本董事长兼腾讯投资人张磊表示："投资京东体现了腾讯的战略转变，是一个重大突破。腾讯凡事都想自己亲力亲为，而从今以后，腾讯将专注优势业务，将其他业务放手交给合作伙伴。"

为此，腾讯对两家被投对象表达了最大的诚意。当时，像搜狗这样的小公司并不信任腾讯，对其动机表示质疑。于是，在入股过程尚在进行时，腾讯便决意将自己的搜索团队移交给搜狗，以便打消搜狗的疑虑。此举对于腾讯本身而言，释放出了一个强烈的信号。当时，腾讯的搜索业务涉及上千名员工，电子商务业务涉及将近8000人。刘炽平说："如此大的业务移交，足以让腾讯获取对方信任。对腾讯内部而言，大家开始意识到，如果不竭尽全力拼业绩，随时会面临危机。"

这两项交易为腾讯未来几年内开展的约800项投资项目做了极好的铺垫。如今，作为国内最大的投资企业之一，腾讯在投资实力方面，已经足以与KKR集团和红杉资本等全球知名投资巨头相媲美，其雄厚的投资实力也得益于公司强大的网络效应，能够让初创公司从中获益。在腾讯投资的800来家企业当中，至少有122家后来发展成为独角兽企业，63家已上市。腾讯持股超过5%的企业，总市值一度超过5000亿美元，其中包括国外主流流媒体服务公司声田和社交媒体公司色拉布。此外，腾讯还持有特斯拉5%的股份，这是继2014年秋刘炽平参观埃隆·马斯克的美国太空探索技术公司（Space X）之后作出的投资决定。

马化腾从一个性格内向的计算机程序员起家，已经完成了华丽变身。截至2014年，腾讯市值超过1500亿美元，一跃成为中国最大的互联网企业，成功超越搜索引擎百度、新闻门户网站网易和搜狐等第一代本土互联网巨头。

腾讯早已不是华强北那个入不敷出、环境简陋的小型初创公司。腾讯开启平台开放战略，与投资的公司共享流量和技术知识，又将为公司的下一次飞跃式发展奠定基础。

第二部分

高速发展

chapter

第四章

风向标

4

黄金时代

在很大程度上，腾讯崛起的故事同时也是中国崛起的故事。腾讯以及腾讯投资的大批科技公司的问世，恰逢中国经济经历前所未有的高速发展时期，国家自信心日渐增强，中国在国际社会的接受度日益提升，14亿中国人热切期盼过上比父辈更好的生活。

我有幸见证并记录了中国互联网行业的黄金时代。2012年，我放弃报道金融口，加入彭博社，担任科技记者。同事和朋友都表示不解，认为这对我来说是一个倒退，因为当时中国银行业发展正如火如荼。而在全球背景下，一场即将发生的灾难正在酝酿，引发众多的关注：影子银行系统带来金融系统的危机，各国地方政府大搞华而不实的形象工程。

那时中国科技产业格局尚未成型，距离阿里巴巴上市还有两年时间。阿里巴巴的问世不仅代表了中国电子商务的飞速发展，同时也代表了整个国内科技领域的发展成就。而当时美国硅谷科技中心的地位依旧不可撼动，由硅谷诞生的脸书、亚马逊等公司发展成为全球知名企业，并获得大量国际投资。

传统上，中国一向追随国外先进技术，微博、百度、阿里巴巴等都是模仿国外同类产品起家。当时，腾讯的微信还在初始阶段，字节跳动尚未出现。公众还普遍存在这样一种认知，即对于技术和计算机专业学生来说，毕业即意味着失业。当时，苹果手机问世仅几年时间，台式电脑仍然是主流，至少当时中国的情况是如此。国内科技公司都仰慕美国同类企业，对雅虎、微软、思科等企业抱有一种仰视的态度。

时过境迁，如今中国飞速发展，首都北京更是日新月异，这种高速的变化，孕育了一种日新月异的时代精神。每隔几个月就有新的摩天大楼、地铁站、写字楼或豪华小区拔地而起，比如位于朝阳区的棕榈泉国际社区和公园大道。北京春天的街道柳絮飘扬，然而街道每隔几个月就会被推土机铲平一次，取而代之的是一条条创业大街。

曾几何时，四环外麦田里处处秸秆焚烧，如今，奥林匹克鸟巢体育场在这里拔地而起；在北京代表性建筑鼓楼周围，胡同里排列着一个个烤肉串摊位，小摊贩用鼓风机吹着燃烧的炭火；工人体育馆附近，夜总会烟雾缭绕，月光版兰博基尼停靠在门口等着接人回家。第一场秋雨过后，雨水混合泥土的气息驱赶了湿气。我的一位外国朋友将其称为"发展中经济的气息"，而我嗅到的是希望和抱负的味道。

在这振奋人心的10年中，我近距离见证了我不曾预见的变化浪潮。2014年，阿里巴巴在纽约上市，创下了当时规模最大的首次公开募股。我有幸在纽约与马云深入交谈；在美国共享办公室新公司众创空间（WeWork）还未推出共享公寓这一概念之前，我采访了扎根国内"You+"社区的创业者，当时那里住着中国最早的币圈矿工，而一个比特币的市价仅为200美元；我也和国内顶级电竞比赛冠军畅聊他们的训练心得，大多数电竞选手每天经历长达16个小时的训练，21岁便黯然退役。

科技弄潮儿是这一时代最为聪慧、最为坚忍的一群人。中国科技领域成为理解中国这一全球第二大经济体最好的窗口，让我们得以一窥这一举世瞩目的大国的抱负、创新与变化。

这10年来，中国从来不乏新鲜事件。中国的技术、国人的性格以及国家的政策都发生着深刻的变化，14亿中国人开始以崭新的视角看待世界、看待社会关系和看待生活，从而获得一种全新的身份认同。这同时也意味着一种叙事的变迁。其间，我首次为腾讯微信的力量所折服。微信每一次算法的调整，都与数十万名内容创作者的命运息息相关。他们在注意力经济中生死沉浮，或是成功吸引流量，或是眼睁睁看着流量远去。

当然，微信只是其中一个例证，在强大内外力量的作用下，中国经济和产业不断重构。往往一次秘密会谈之后，接下来便是涉及数十亿美元的合并和收购，有时整个过程仅仅持续短短几天时间，而受影响的则是数以万计企业员工和狂热的产品用户。一旦政府略微收紧政策，全球行业巨头股价便会暴跌，数千亿美元市值转瞬之间化为乌有。

当时，国内有三家互联网巨头已经发展到一定规模，它们正在思考如何应对这些变化。这三家企业就是互联网搜索引擎巨头百度、阿里巴巴和腾讯，按照拼音首字母，合称为"BAT"，它们代表了中国互联网行业的第一梯队。在三位创始人中，百度创始人李彦宏最为引人注目。几人中只有李彦宏在美国接受过教育，拥有傲人的学术背景。他于1994年获得了纽约州立大学布法罗分校计算机科学硕士学位，是一位名副其实的"海归"。那时候国内出国留学的人为数不多，不像今天这样，留学生每年能达到70万名，因此，"海归"通常被视为人群中的佼佼者。

相比之下，马化腾和阿里巴巴创始人马云则相形见绌，人们戏称他们为"土鳖"。然而，随着中国步入移动时代，这两位"土鳖"将获取日益重要的地位。不到一年时间，两人便成功超越了李彦宏。市场竞争的残酷性和快速行动的重要性也由此可见一斑，而从百度和雅虎的经验中吸取教训，也是"二马"一直屹立不败的原因。

"二马"双头垄断的格局定义了中国科技公司过去的10年。腾讯、阿里巴巴，以及全球风险投资和私募股权基金数十亿美元的投资，驱动了国内年轻企业蓬勃发展。伦敦私人投资数据公司睿勤（Preqin）提供的数据显示，以中国为重点投资区域的风险投资和私募股权基金筹资的金额在2017年增长了3倍，达到了顶峰，总金额高达约1200亿美元。中国产业曾一度停滞不前，如今却一跃成为全球最具活力和最令人向往的市场之一。而当年被嘲笑靠模仿起家的阿里巴巴和腾讯等企业，如今则在移动支付和消息传输领域大举创新。

腾讯和阿里巴巴都一跃加入到了全球规模最大的企业行列，成为全球投资企业的中流砥柱。而马化腾和马云更是广受国内外追崇。尤其是马云，他平民智慧式的演讲风格独树一帜，每次发言都全球瞩目。

与马云相比，马化腾不喜欢抛头露面，然而他领导的腾讯多年来却成为中国创新的代名词。

腾讯最大的创新体现在其推出的即时通信软件微信。当然，更加值得学习的是马化腾在产品变现方面体现出的耐心。微信实现商业变现经历了很多产品推出、版本迭代，深深考验了创始人的耐心。

我在彭博社接到的第一个关于腾讯的任务，便是撰文报道微信的商业模式。为了顺利完成任务，我专门体验了微信用户最热衷的功能。当时，微信有一个最受欢迎的功能，就是交友服务"漂流瓶"。通过"漂流瓶"功能，用户可以随机收发音频或文字信息。界面背景是蓝天、白云、海滩，每当热气球飘过，用户便可以捞起一个瓶子，用户可以选择回复消息或将瓶子扔回大海。我整个晚上疯狂地扔漂流瓶，以体验和陌生人交友的乐趣，看看陌生人之间的对话会不会最终转化为现实世界中的联系。虽然漂流瓶最后被淘汰，但是回过头来看它也算是最早的交友程序之一，比约会软件Tinder还早了两年。但当时微信离变现还遥遥无期。

在接下来的几年里，微信推出了更多的功能，不再是单纯的通信软件，而成为跨平台的通信工具。其推出的新功能包括："朋友圈"功能实现用户共享信息、照片和视频；"公众号"功能让数百万内容创作者和企业得以传播创意；"小程序"功能让用户无须下载其他程序，便可以通过微信界面使用数以万计其他应用程序的精简版；新近推出的"视频号"功能在短视频领域与抖音抗衡。这一个个功能铺垫了微信后来的商业模式。

腾讯仅凭微信这一款产品便点燃了众多企业的创业热情，激励斗志昂扬的年轻人开创自己的事业，要么通过微信吸引流量，要么思索如何与腾讯较量。

腾讯本身的商业模式二十年来在不断改变。公司曾经一度依赖游戏收入，来自这一领域的收入占比超过70%。根据市场调研公司廷伯伙伴（Niko Partners）发布的数据显示，从2008年到2021年10月，腾讯在全球范围内投资的游戏公司多达180余家，其中规模最大的企业包括拳头游戏（《英雄联盟》开发商）、动视暴雪（《使命召唤》《魔兽世界》开发商）、埃匹克娱乐（《堡垒之夜》开发商）和超级细胞（《部落冲突》开发商）。腾讯卓越的投资使其成了全球最大的游戏工厂，正因为如此，它也从一家游戏分销企业跃升成了业内知名的游戏发行企业以及顶级手机游戏开发企业。而随着全球游戏玩家逐渐摒弃台式电脑和游戏主机，转向尺寸更小的手机屏幕，腾讯在游戏领域的地位将进一步攀升。

但是，到了腾讯和阿里巴巴的"双寡头"时代，两者都设立了专门的风险投资部门，支持下一代初创企业，通过角逐，两家公司开始侵蚀对方的版图。

这一行为有两个方面的考虑：一方面，设立专门的部门进行潜在的财务回报预测，以作为投资依据；另一方面，战略性的选择支持某些企业高速发展，更有利于最终建成一个企业生态系统群。

腾讯和阿里巴巴均声称自己对初创企业的发展只起到了推波助澜的作用，完全尊重这些企业的创始人，然而在投资风格和策略方面，两者有很大差别。通过与初创企业创始人的交谈，我总体的结论是：阿里巴巴更加注重保持掌控权，希望企业决策符合阿里巴巴的愿景目标；相比而言，腾讯则显得更加宽松。不过，腾讯在资源共享方面表现得异常谨慎，尤其是在利用微信流量助力初创企业推广方面，相当谨小慎微。这倒不是因为腾讯小家子气，而是因为即使在腾讯内部，如果想要获得即时通信应用程序部门支持，其他部门也必须努力证明自身的价值。在腾讯，微信创始人张小龙有很大的自主权，可以根据自己的意愿管理产品及业务团队。也就是说，微信本身在腾讯就是一块相对独立的领地。

在阿里巴巴和腾讯所投资的数百家初创公司中，其中有两家表现尤为突出，成功将数亿名移动用户带回了现实世界。这两家企业便是外卖巨头美团和网约车公司滴滴。美团和滴滴的争斗刚刚告一段落，随后阿里巴巴和腾讯就上了主战场。

滴滴和美团的合并为腾讯在移动互联网时代的成功奠定了基础。在过去10年或更久以来，腾讯怎样作出了那些战略决定，让它得以战胜最大的竞争对手？找到这一问题的答案将有助于我们理解腾讯如何得以在规模上超过了脸书这样的业界巨头。

chapter

第五章

宿敌阿里巴巴

5

可敬的对手

　　说起腾讯，就不得不提到阿里巴巴，这两家企业共同称霸中国互联网行业，主导着互联网行业的风云变幻。在刚刚过去的10年中，大型企业在整个亚洲范围内明争暗斗，硝烟四起。2014年，阿里巴巴成功完成了全球最大规模的首次公开募股。随后的竞争更趋白热化，腾讯一向崇尚竞争，相信竞争能让企业长足发展，而来自阿里巴巴的竞争，正是其日益壮大的幕后推手。

　　为了在激烈的竞争中独占鳌头，腾讯和阿里巴巴都不断拓展自身核心业务，业务范围覆盖线上金融、娱乐、云计算等各个方面。

　　阿里巴巴也堪称互联网界翘楚。没有阿里巴巴，就没有当今的在线支付。阿里巴巴推出的支付宝则被公认为是世界上最包罗万象、设计精妙的数字金融系统。支付宝的发展得益于阿里巴巴与易贝之间的电子商务大战，同时为阿里巴巴在移动支付时代与腾讯展开激烈的角逐奠定了基础。

　　阿里巴巴总部设在杭州。杭州是一座拥有1000万人口的大都市，这里有风景如画的西湖、历史悠久的石桥、星罗棋布的历史遗迹，一直以来都是深受国内外游客青睐的旅游胜地。如今，阿里巴巴巨大的影响力笼罩着这座城市，这种力量从西溪国家湿地公园附近的阿里巴巴园区发散开来，几乎弥漫至中国的每一座大城市。

如今，国内生活相当便利。如网约车和共享单车，便利店和商场的二维码移动支付和电影票在线购买，以及身着蓝衣、脚踏电瓶车穿梭于街巷里弄的外卖送餐员，各种便捷的服务应有尽有。而在这些服务的背后，要么有来自阿里巴巴的资金支持，要么有来自阿里巴巴的技术支持。

阿里巴巴的巨大影响力在每年11月11日体现得更加淋漓尽致。这一天，阿里巴巴发起全球最大的购物节——"光棍节"，当天的商品销售量超过了国外"黑色星期五"和"网络星期一"购物节销量的总和。

据估计，在截至2021年11月11日前的两周内，来自中国、俄罗斯、阿根廷等国家的9亿多名消费者购买了苹果手机、戴森家用电器和乌干达杧果等产品，价值达850亿美元。这一数字超过了爱沙尼亚和尼泊尔的国内生产总值。在交易高峰期，阿里巴巴服务器每秒处理的交易量超过50万笔，一天内发出的包裹超过10亿个。大量记者与投资者拥入公司大堂，一睹全球商品快递运输的卫星图像和3D图像。

可以说，这一成功非阿里巴巴莫属。阿里巴巴员工竭尽全力地工作，常常通宵达旦，整个星期都不回家。这些员工大多25岁左右，骑着免费租用的自行车，穿梭于橙白交错的楼宇之间，而橙色和白色是阿里巴巴的标志性颜色。

2019年11月10日，《2019天猫双11狂欢夜》在距阿里巴巴总部100多公里以外的上海梅赛德斯–奔驰文化中心（Mercedes-Benz Arena）举办，泰勒·斯威夫特（Taylor Swift）和钢琴大师郎朗同台演出。该晚会由浙江卫视节目中心制作，成功地在短短4小时内吸引了上亿观众。多年来，天猫狂欢夜众星云集，许多国际巨星包括妮可·基德曼（Nicole Kidman）、丹尼尔·克雷格（Daniel Craig）、科比·布莱恩特（Kobe Bryant）、斯嘉丽·约翰逊（Scarlett Johansson）等都曾登台演出。

2019年狂欢夜当晚，各路知名淘宝主播进行了长达7个多小时的淘宝直播带货，销售的产品名目繁多，包括眼妆、面霜、牛仔裤、电子产品等。仅在"双十一"预售的第一天，两名头部主播的直播间销售额便达到70亿元。观看直播的人有白发苍苍的老太太、行色匆匆的上班族，还有新生势力学生党。无论在床上、沙发上、餐桌上还是上下班途中，人们无时无刻不在看直播，不时通过直播间下单，购入波尔多葡萄酒、UGG鞋子、SUV汽车以及高端日式马桶。

阿里巴巴前副总裁波特·埃里斯曼（Porter Erisman）说："如果说史蒂夫·乔布斯创造了智能手机操作系统，那么马云和阿里巴巴则创造了中国和未来的商业体系运作系统。"波特·埃里斯曼执导了纪录片《扬子江中的大鳄：阿里巴巴的故事》（*Crocodile in the Yangtze: The Alibaba Story*），该片记录了他自2000年伊始，在阿里巴巴工作的8年时光。他如此评价马云：他热爱挑战，热衷于推动中国向前发展。

如果还有另外一家企业在影响力方面能与阿里巴巴媲美，便非腾讯莫属。然而，这两家企业以及其创始人的风格相去甚远。

阿里巴巴创始人马云凭借其傲睨自若、直言不讳的企业家形象在全球享有很高的声誉，他在达沃斯广交名流，还常常说出一些至理名言，比如：我们从不缺钱，我们缺少的是梦想，还有能誓死追求这些梦想的人。

一旦马云的身影出现在某个论坛，众多年轻人便簇拥到他跟前，亲切地称呼他为"马老师"。马云热衷于在公众面前保持高曝光度，这与马化腾的行为方式形成强烈反差。马云的某些行为甚至有些怪异，他非常享受自己的名人身份，在公司年会上，他曾经模仿迈克尔·杰克逊（Michael Jackson），还一度打扮成身着蓬蓬公主裙的金发女郎，也曾装扮成着红色紧身皮衣、戴墨镜和理莫西干头的摇滚明星。

马云虽然身材瘦小，但号召力很大。一度在学校任教的他，是如何造就如此特立独行的性格的呢？

马云于1964年9月10日出生于杭州。1972年尼克松访华之后，中国再次成为国际旅游胜地。马云在十几岁的时候，便开始和外国人打交道。他凌晨5点就早早起床，然后来到杭州饭店（现在的杭州香格里拉饭店）外，给在饭店住宿的外国人当免费导游。

马云曾两次高考落榜，后来考入杭州师范学院。1988年大学毕业以后，他在杭州另一所大学任教，教了5年英语，每月工资89元。

1995年，马云第一次到美国旅游，首次接触了互联网。他前往西雅图拜访一位朋友，朋友向他演示了互联网。马云在搜索引擎中输入的第一个词便是"啤酒"的英文单词，然而搜索结果里没有任何关于中国啤酒的信息。于是，马云当时就觉得自己应该做点什么。

在一部纪录片中，马云说道："我搜索的第一个单词是'beer'，非常简单的一个单词，搜索结果中出现了美国啤酒、日本啤酒和德国啤酒，但是没有中国啤酒。于是，我就好奇，输入'China'，但我没有搜索到中国，没有关于中国的数据。"

马云打造其互联网帝国的第一步，便是在美国注册一个名为"China Pages"（中国黄页）的网站，类似于一个黄页目录。

他还请朋友帮忙，为自己的翻译公司做了一个中文网页。在网页发布后的几个小时内，他便收到了来自美国、日本和德国的5封电子邮件，询问更多的信息。

"我太兴奋了。"他回忆道，"我说，'这是一个有趣的东西'。"

为了创办中国黄页，马云拿出自己的7000元积蓄，还向自己妹妹借了钱。公司的前两名员工便是他的太太张瑛和同为大学老师的何一兵。张瑛是马云的大学同学，也是他任职英语教师时的同事，早年她曾在阿里巴巴扮演了重要角色，后期则更多地将重心转向家庭和抚养儿子。

马云创立中国黄页网的尝试并未取得成功，随后他进入北京的外经贸部（现商务部）任职，负责网站创建，因此结识了第一次到访中国的杨致远。杨致远是雅虎的联合创始人，数年以后，杨致远出资10亿美元收购阿里巴巴40%的股份，再后来由于阿里巴巴单方面将支付宝剥离出去，雅虎与阿里巴巴的合作出现裂痕。尽管雅虎的注资还不足以让阿里巴巴达到今天的辉煌，但对于初创时期的阿里巴巴绝对意义重大。

1999年，华尔街互联网股票市值居高不下，身在北京的马云也感受到了这股热潮。于是，他选择离开政府部门，再次回乡创业。回到杭州后，马云同妻子和一群朋友共同创立了B2B（电子商务中企业对企业的交易方式）电子商务网站阿里巴巴。马云当时坚信，这是历史性的时刻，于是他采用录像的方式将当时的启动会议记录了下来。

"互联网梦"

"不要担心，我认为互联网梦想不会破灭。"马云在1999年2月的那次启动会议上说，"我们在未来3到5年内的投资所获得的回报，不会只是现在这套公寓，而是50套这样的公寓。"

中央电视台后来播出了这段录像。

阿里巴巴不断探索盈利模式，后来发现原来商家们愿意为提升商品展示效果而付费。根据阿里巴巴发布的详细数据，其网站仅在2002年一年内，便吸引了100万名注册用户，公司也于当年顺利实现了盈利。

也是那一年，马云开始留意到腾讯的创始人马化腾。马云在国内开创了举办科技论坛的先河，他深受香港小说家金庸（本名查良镛）作品的影响，将论坛命名为"西湖论剑"。他热切希望通过论坛会聚国内最优秀的科技人才，分享和传播有关科技改变世界的想法。然而，2002年，整个互联网行业举步维艰，大多数A股上市企业CEO（首席执行官）都竭力专注企业业务，无心参加任何论坛。

于是，马云不得不启用备选方案，邀请马化腾作为此次论坛的演讲嘉宾。

马化腾既谦虚又腼腆，他在会上高兴地宣布刚刚成立4年的腾讯已经实现了收支平衡。他接着说，他希望QQ能成为一种生活方式。或许，马化腾有些自说自话，只是专注于谈论公司的产品；或许，他并不如马云一样擅长高谈阔论。而当时的马云也并没有将马化腾当成竞争对手。

那个时候，腾讯和阿里巴巴在业务方面几乎没有重合，马云将炮筒瞄准了一个更为紧迫的竞争对手——易贝。

为了与易贝抗衡，阿里巴巴于2003年推出了C2C（电子商务中消费者对消费者的交易方式）电子商务平台淘宝网，公开向易贝宣战。

媒体铺天盖地的报道让淘宝获得了极大的关注。阿里巴巴前副总裁波特·埃里斯曼说："我们发起了针对易贝的公关战，为淘宝获取关注。如此一来，易贝花出去的每一美元都相当于在为淘宝打广告。"

有人曾经这样比喻：马云热衷传统中国武术，波特·埃里斯曼因此将该策略归纳为借力打力，即利用对手的力量来与之抗衡。

马云多次说道："易贝也是海洋里的鲨鱼，但我是长江里的鳄鱼，如果我们在海洋厮杀，肯定会输，但如果在长江厮杀，我们则会胜利。"

事实证明，雅虎的加持在阿里巴巴与易贝的争斗中发挥了重要的作用。2005年，雅虎入股阿里巴巴，为其带来了搜索引擎技术，于是阿里巴巴得以为商家提供免费的商品展示服务。易贝持续向商家收费，终于失去中国市场，继而于2006年12月宣布关闭中国网站。

这场非凡的胜利对阿里巴巴和马云来说都是一个巨大的转折点，正如腾讯通过击败微软证明自己，阿里巴巴也通过战胜西方最优秀企业证明了自己的能力。

支付宝

在与易贝的争夺战中，阿里巴巴创造出了一个强大的工具——支付宝，这也让阿里巴巴在今后的中国电子商务中能够占据主导地位。支付宝在国内是一个全新的事物，它可以提供在线支付服务，为电子商务买家和卖家之间建立信任。对移动服务和移动用户而言，支付的安全性至关重要。

这一切始于2003年的一天，一位名叫倪行军的会计专业毕业生来到阿里巴巴位于杭州的公寓参加面试，他身形瘦长，佩戴眼镜，穿着西装，提着公文包，站在满屋子穿着短裤和拖鞋的人群中，看起来就像是一名保险推销员。除学习本专业外，倪行军还自学了编程，他后来写过一篇探讨数据真实性的论文，给马云和其他阿里巴巴创始人留下了深刻印象。在这间烟雾弥漫、散发着汗味的公寓里——这里也是阿里巴巴员工通宵达旦工作的地方，倪行军成功地找到了工作。

倪行军接受的第一个任务便是攻克人们在互联网上互不信任的难

题。团队在研究贝宝的基础上，曾一度考虑学习腾讯发行虚拟货币，但考虑到实际情况，便放弃了这一想法。倪行军认为，顾客最为关心的应该是能否收到自己购买的货物，因此他们认为最好的办法是创建一个由阿里巴巴管理的托管账户，供用户付款。买家将货款付给阿里巴巴，而阿里巴巴则充当第三方角色，在买家收到货物之后，再将货款付给卖家。

对于一个刚刚起步的网上商城而言，这无疑是一场大胆的博弈。2003年10月，支付宝记录下第一笔交易。淘宝的第一个客户是一名叫崔卫平的日本留学生，他在淘宝上以750元的价格挂出了一台富士相机。西安的在校大学生焦振中刚好想要购买相机。经过几个小时的讨价还价，两个人决定试用支付宝的新第三方担保业务。焦振中向阿里巴巴支付了款项，而崔卫平在焦振中收到相机之后才收到货款。支付宝的这首笔交易订单编号为"200310126550336"，如今则被打印出来悬挂在支付宝大楼一楼大厅的墙上作为纪念。

更值得注意的是，最早支付宝团队一共只有3个人，一个财务、一个会计和一个出纳。他们用微软Excel表格手动记录所有的交易。

在支付宝创立初期，员工每辅助客户完成一笔交易，办公桌上的灯就会亮一下，该员工就会站起来接受来自同事的掌声。也是在那个时期，支付宝只能在灰色地带运作，因为私人公司不能进入金融领域，因此从理论上讲，在线支付服务可能会被认定为违规交易。

为此，马云和他的团队一直如履薄冰，为了开拓支付宝项目，马云对下属说："如果要坐牢，我去！"

不久之后，支付宝交易量开始大幅攀升。商家们发现，使用支付宝业务能够带来销量的快速增长。很快，淘宝70%的商家都开通了支付宝业务。

倪行军凭借强烈的个人意志带领支付宝团队一路拼搏。一开始，支付宝日交易额每过10万元，倪行军就会发邮件通知大家，后来变成每达到100万元进行邮件通知。再后来有一次他开玩笑说，日交易额过了700万元我就裸奔。谁想没过多久，也就在2005年上半年，支付宝日交易额超过了700万元，倪行军因此成为支付宝"裸奔"第一人。

由此可见，在支付宝部门工作并非易事。

销售额呈指数级增长同时也带来了问题——团队成员疲惫不堪，客户投诉量激增。2010年1月，辛勤工作了一年的支付宝员工齐聚杭州人民大会堂，准备参加部门年会。然而，他们到达后发现有些不对劲：会场没有庆祝横幅，没有饮料和舞蹈表演队，反倒是一副庄严肃穆的景象。支付宝员工就座后，只听会场喇叭播放出一段段录音："你们这帮人害死我了。""我再也不会用支付宝了。"这些是来自客户部门的用户录音。

随后，马云突然登台，将支付宝一顿训斥。

"支付宝用户体验非常差，这一点我容忍不了。"马云挥舞着右手，"我不是在抱怨，但我们要有改正错误的勇气。"

倪行军明白马云所指何物，那时候支付宝一味追求业绩，却忽视了服务质量。当时，支付宝用户数量已达到2.7亿名。

这个问题还没解决，短短几个月后，阿里巴巴又陷入一场巨大的纠纷，当然这场纠纷与服务无关，而关乎当时阿里巴巴最大的股东。

2010年8月，马云将支付宝从阿里巴巴剥离出去，转移到由他控制的一家独立公司名下。雅虎深感愤怒，表示其事先并不知情。马云后来解释道，此举非常必要，其目的在于规避监管风险，因为他担心政府不允许外国投资者进入第三方支付企业。尽管这一点后面并未得到监管证实，但这件事让马云成为众矢之的——在投资人看来，事实上是马云窃取了支付宝。

但无论如何，这一策略取得了立竿见影的成效。支付宝很快便拿到了由央行颁发的支付牌照，迅速走出灰色地带，成为合法企业。而阿里巴巴后来也与雅虎达成协议，未来支付宝的收益将和雅虎分成。

支付宝快捷支付业务

支付宝团队开始致力于从根本上解决问题，针对用户投诉比较集中的问题，支付宝推出了快捷支付业务，用户可以通过关联银行卡开通快捷支付功能。支付宝快捷支付支持200多家国内银行，这相当于创建了一个分布式总账，从某种意义上说，承担了清算中心或中央银行的部分功能。

支付宝快捷支付开启了国内在线支付的新模式，也为腾讯带来了新的思路，而后推出了自己的快捷支付业务品牌——微信支付。

倪行军说："如果没有我们率先推出快捷支付产品，就不会有微信支付和移动支付，其他第三方支付服务也不会如此顺利发展。"

然而，彼时阿里巴巴还面临一个更为紧迫的问题，那便是智能手机的问世。

移动时代

大约在2012年，支付宝员工开始强烈意识到进军移动支付业务的紧迫性。当时，腾讯已经推出了强大的即时通信工具——微信，而且市场反应极好。随着4G网络的问世和带宽的大幅提升，大量本土应用软件也问世了。

支付宝生态发展事业部总经理何勇明是支付宝完成向移动支付转型的关键人物，他说："这个过程相当痛苦，要从PC（电脑）端向移动端迁移，我们放弃了原本熟悉的技术，转而探索新事物。但我们一如既往，决定全力以赴。"

支付宝再次挑战未知的领域。支付宝管理层对于获取市场的最佳途径存在分歧，他们在二维码支付和近场通信（NFC）技术之间抉择。当时，很多人倾向近场通信技术，因为它本身极具优越性，但由于设备昂贵，商家并不愿意采用这项新技术。然而，就在支付宝内部争执不下之际，2014年，支付宝遭遇了腾讯的伏击。

移动支付时代

中国有个传统，春节时家中长者或公司老板会象征性地发红包，代表节日的祝福。马化腾每年都给员工派发红包，这是腾讯内部的一个传统。然而，随着公司规模的扩大，员工数量越来越多，因此每到发红包的时候，马化腾办公室外往往会排起数小时的长队。

微信部门员工本着为老板排忧解难的想法，开发了一项数字红包服务"微信红包"，允许微信用户向个人或群组发送数字红包。他们预计该服务一经推出，必将大受用户欢迎。2014年1月，微信推出了微信红包服务，在短短几周时间吸引了大量用户。用户领取的红包有大有小，小的只有几分钱。

但是，抢红包非常好玩，微信红包应用服务一夜之间几乎风靡全国。

基于微信红包良好的市场反应，微信团队迅速针对微信红包服务进行系统扩容，调来了原设计数量10倍的服务器。从除夕到大年初一，微信用户参与抢红包次数超过7500万次。腾讯不失时机，鼓励用户关联银行卡，以吸引用户将更多资金转入微信账户。而等到支付宝反应过来，微信已经成为支付宝在移动支付领域的重要竞争对手。支付宝费尽心机，花费10年时间方在国内支付领域获得主导地位，因此人们将此次事件称为"偷袭珍珠港"事件，意指支付宝此次遭遇到来自腾讯的重创。

慌乱中的支付宝决心换一个打法，于是效仿腾讯，在支付宝上线社交媒体功能。然而，这一事件转变成支付宝最大的一次公共危机。

支付宝上线了新的社交媒体功能"圈子"，根据不同人群特点邀请用户进入不同的生活圈，内部用户可以发帖和评论。支付宝当时的思路是，既然微信作为即时通信应用软件能够进军支付领域，那么支付宝也可以反其道而行之。然而，他们并没有厘清支付宝与微信的一个本质区别，即微信上的大多数联系都是基于真实的社交网络，用户在使用微信相互付款前，已经建立起一定程度的信任关系。相反，支付宝用户与其通过圈子功能添加的联系人之间并不存在任何真实世界的联系。于是，在"圈子"功能上线后的短短几个小时内，便有用户开始上传低俗、大尺度的年轻女性照片，以赚取其他用户打赏。一时间，支付宝"圈子"充斥着这类衣着暴露、动作挑逗的女性照片。

支付宝迅速删除了此类动态，同时对发布不当内容的账户采取禁言等措施。但该事件的影响仍在持续发酵，迅速引发了一场有关商业伦理和平台责任的讨论。

支付宝母公司蚂蚁金服的董事长彭蕾发送内部反思信并道歉。此前，支付宝已经建立起了一种严肃的金融服务形象，让人们放心地托管资金。继这次拓展社交媒体功能失败之后，支付宝再未进行过类似尝试。

在企业内部，支付宝重新审视了其移动支付战略。倪行军支持二维码支付技术，他的团队想出一个主意，可以将二维码打印在纸或塑料上，供商户使用。于是，支付宝开始声势浩大地推广二维码支付技术，中国最大的杂货连锁店成为其首批客户。使用二维码支付技术，商家基本不需要承担任何费用，相比维护近场支付设备要便宜得多。

二维码支付技术推广相当成功，支付宝使用规模极速扩张，成为中国移动支付的标准，甚至街头乞讨者都会在面前摆放一张打印出来的二维码。

随着移动支付的到来，一切都发生了改变。在接下来的几年时间里，移动支付领域成为腾讯和阿里巴巴争夺的主战场。基于移动支付衍生出了一系列服务，如外卖送餐服务和网约车服务，并由此涌现出一批新兴互联网企业，如美团和滴滴。

外卖送餐、网约车服务是阿里巴巴和腾讯争夺移动支付市场份额和扩大商业帝国影响力的关键领域。在这场争斗中，腾讯也将持续拓展其平台和生态系统。

第六章

美团投奔腾讯

6

初识美团

　　如今，在北京和上海这样的一线城市，点外卖往往比自己做饭更加经济实惠。

　　北京并不是一个特别适合生活的城市，这里空气质量不佳，冬季寒冷，上下班经常因为堵车需要花上3个小时。然而，生活在北京还是有一个好处的，那就是便捷的外卖订餐服务。一般情况下，外卖在30分钟内总能送达，在凌晨2点人们都可以尽享外卖员上门派送的汉堡、面条、水果、麻辣鸡翅和孜然肉串。而整个中国每天有上百万人使用外卖程序点2—3顿外卖。除此之外，他们还下单购买杂货、办公用品、美容美发、按摩以及任何其他中意的产品和服务。然而，驱动这个市值1000亿美元的外卖市场的并不完全是市场效率，还有阿里巴巴和美团之间的争斗，而腾讯是美团最重要的投资方。

　　无论你路过任何一所大学、一个住宅小区，或者一栋办公楼，无论在阴冷的冬天、淅沥的雨中还是阴暗的雾霾天气下，你都能看见一群群身着鲜艳制服的外卖员在焦急地等待顾客。他们随时随地在城市中穿梭，黄色的美团制服、蓝色的阿里巴巴旗下的饿了么制服，显得格外亮眼。

阿里巴巴以及旗下子公司主导了中国的实体商品在线零售市场，而美团则在服务领域力争上游。美团App（应用程序）成功整合了Grubhub、Expedia、MovieTickets、Groupon、Yelp等国外多款同类网站和应用软件的功能。美团旗下有950万名外卖送货员，每年服务2800多个城市，有6.9亿多位客户。2020年末，阿里巴巴和美团展开了一场生死较量。随着补贴战争不断升级，双方花费都高达数十亿美元，可谓两败俱伤。一向强硬攻击对手的亚马逊杰夫·贝索斯（Jeff Bezos）决定套现股票，及时止损，也许就缘于此。

美团是如何崛起成为外卖巨头的？美团创始人兼CEO王兴又是如何成了马云的劲敌？其中的故事可谓一波三折。美团的崛起堪称中国互联网历史上最重要的篇章，因为正是美团的崛起导致了阿里巴巴和美团在外卖送餐和点播服务领域的激烈争夺，让腾讯最终战胜了阿里巴巴。

美团的最核心人物便是年轻的创始人兼CEO王兴，他在腾讯与阿里巴巴的争夺中崭露头角。王兴是程序员出身，仅用了短短5年的时间便一统外卖送餐市场。通过积极的销售技巧、大量的折扣和精巧的算法组合，他成功部署数十万名外卖送货员高效运作，击败了强大对手阿里巴巴。其极高的精准度和效率，让当时公认的中国物流之王阿里巴巴都惊讶不已。

最为美团和其投资方腾讯津津乐道的是，王兴一度得到阿里巴巴的重要投资，却在紧要关头转而投奔了腾讯的阵营。

在中国科技领域有一个黄金法则，即小型初创企业必须要从两大巨头之一获得投资，要么是阿里巴巴，要么是腾讯。只要得到其中任何一个巨头资助，就意味着该企业将获得网络流量和其他资源方面的支持。然而同时，初创公司也需要作出一些妥协，比如业务转型以及未来投资的两极分化。

全球化智库高级研究员莫天安（Andy Mok）说："这有点像电影里教父唐·维托·柯里昂（Don Vito Corleone）的经典台词：'我会提出一个你无法拒绝的条件，如果不接受巨头的资助，那么它们便会转而投向你的竞争对手，这将对你构成致命的威胁。'"

当初一度有人猜测，阿里巴巴允许旗下企业接受其主要竞争对手腾讯的投资，是阿里巴巴和腾讯冰释前嫌的信号。然而，鲜有人意识到，美团与腾讯的联手，是中国互联网行业10年来最大的一次商界"变节"。

而这一事件的导火索在于，王兴认为美团最大的股东阿里巴巴一直试图左右美团的决策，因此他想夺回主导权。于是，他前往北京与腾讯密谈，最终双方达成协议，腾讯入股美团，成为美团的大股东。

通过与腾讯联手，王兴有效地摆脱了阿里巴巴的控制，并与腾讯结成一个重要的联盟，为日后中国互联网领域的最终对决奠定了基础。

在12月一个寒冷的日子，我有幸与王兴促膝长谈，讨论他缔造当时世界第四大创业公司的历程。我们详细探讨了美团转而投奔腾讯的过程，以及此次结盟如何帮助腾讯在移动支付大战中智胜阿里巴巴。最重要的是，王兴联合腾讯策划了那场史诗般的"变节"的内幕。

我并非第一次采访王兴。然而，时隔几年，他已俨然摆脱了先前沉默寡言的程序员的形象。年方40岁的他，拥有的财富已经超过了NBA（美国职业篮球联赛）达拉斯小牛队老板马克·库班（Mark Cuban）。

有人说王兴性情傲慢，但也有人说他并非傲慢，而是逻辑严密、性格乖僻，有点类似于电影《星际迷航》中的史波克（Spock）。在同他交谈的过程中，你需要表现出见解深刻、观点正确的素质并能够跟上他思维的节奏，所谓的人格魅力对他并不奏效。

我们经过多年沟通，终于在2018年获得与王兴面对面交谈的机会，当时的美团刚刚完成香港年度第二大科技股首次公开募股。

美团总部位于北京东部金融区一个繁华的工业园区内。这里有耀眼的写字楼、开阔的大草坪，还有骑电瓶车的外卖员在草坪上穿梭，程序员和销售人员坐在开放式办公桌前，桌面上摆放着公司吉祥物和文竹。中午时分，员工暂时结束紧张的工作，拿出行军床和充气枕头准备小睡片刻。中国科技公司以工作时间长而出名，惯用所谓的"996"工作制，即每天从早上9点工作到晚上9点，每周工作6天，节假日也不例外，美团也是如此。

我想知道以王兴为代表的人物是如何成为亿万富翁的。王兴的成功史同时也是中国从一个贫穷的农业国家发展为一个经济强国的历程。正是在他出生的那一年，民营经济在中国取得了合法地位。

在我们会面的房间里，满是用过的记号笔和写满难以辨认的笔迹的白板。他端正而坐，着一件白色的衬衫和深色牛仔裤，戴着一副金丝框眼镜。虽然这些年来他举手投足越来越像一位企业老总，然而有一点一直没有变，那就是他的发型。多年来，他一直留着几乎贴着头皮的短寸头，额前一点尖尖的造型，更加凸显他宽阔的额头。时至今日，他给人的印象仍然更像是一个不善言辞的程序员，而不像一个拥有9万名员工的创业新贵。然而，一旦打开话匣子，他便滔滔不绝，言辞尖锐、话语犀利。

喜欢摆弄电路和硫酸铜的少年

王兴出生于1979年，正值改革开放初期。他出生在福建省一个较为贫困的地区——龙岩。这是一个沿海城市，素以茶叶和经商成风闻名。在父亲的影响下，王兴第一次尝到了创业的滋味。

王兴的父亲在16岁时便开始辅助父母抚养3个弟弟妹妹。他什么都干过，当过矿工，做过园艺工人。1992年，他开始经营水泥生意，家境从此好了起来。

王兴和姐姐的童年过得还算富裕，少年时的王兴便表现出对计算机的浓厚兴趣，他喜欢在浴缸里摆弄电路板，萃取硫酸铜晶体，甚至放弃学习钢琴，很早便开始学习计算机。

王兴小时候玩过一款第一人称射击游戏《德军总部》（Wolfenstein），玩家的终极目标是刺杀希特勒。他还玩过一款名为《文明》（Civilization）的游戏，并在游戏中学习英语和历史。《文明》流行于20世纪90年代，是一款策略游戏，其主要目标是在陆地上建立一个伟大的帝国，并且这个国家要经得起时间的考验。王兴说："要理解游戏内容，我需要阅读大量书籍。要想玩好游戏，就需要了解历史，需要知道一种技术如何催生另一种技术，而每一项技术又给人类社会带来什么，玩家需要建造市场，建造证券交易所，还要打造科技树。"王兴发现，游戏通关有两条路径，要么征服地球上所有其他国家，要么从地球发射出第一艘火箭飞船。他说："当然，这两种方法我都希望尝试。这也是我做事的一贯方式。"

1997年，王兴由龙岩一中保送，进入清华大学学习，毕业后获得电子工程学士学位，随后赴美国攻读博士学位。

然而，就在2003年，王兴放弃特拉华大学（University of Delaware）的学业，辍学回国创业。这一切始于他在美国Friendster这样的社交网站看到了机会。他说："我一看到这个社交网络，便马上意识到它存在的意义和具备的潜力。社交网络即将改变中国。必须有人建立一个中国人自己的社交网络，这就是我回国的原因。"

王兴的创业离不开另外几个人的帮助，一个是大学时期的下铺兄弟王慧文，另一个是高中同学赖斌强。三个人从家人和朋友处筹集了一定的资金，合伙创办了第一家创业公司——校内网。

王兴在圣诞节当天便启程乘飞机回国，时年25岁。他在清华大学附近租了一套房子，因为那里租金便宜，而他们就在那套房子里住宿和办公。清华大学位于中关村科技园中心地带，中关村素有"中国硅谷"的美誉。中关村科技园的前身是国务院批准成立的高新技术产业开发试验区，20世纪80年代，当时中科院著名的等离子物理学家陈春先在美国硅谷考察之后，提议在中关村建立"中国硅谷"，之后这里便逐渐发展成为今天中国创新发展的一面旗帜。曾几何时，此处人称"电子产品一条街"，街边小贩如云，向路人兜售盗版光盘、冒牌MP3播放器和耳机。而到王兴几人选址创业时，这里早已到处是公社建筑和摩天大楼。中国每年吸引成千上万的海外留学生，他们带来了餐厅文化、时尚美妆和嘻哈文化，周末附近的五道口热闹非凡，俨然一个闹市。

三位创业伙伴都熟悉编程，然而要创建一个社交网站，他们还必须从头学起。王兴说："我们意识到自己一无所知，我是公司CEO，但不懂管理。"

校内网深受大学生喜爱，然而很难找到盈利模式。很快，几位创业者花光了所有资金，因此不得不于2006年将校内网出售。

半年后，王兴创办了自己的第二家创业公司——饭否，公司产品是一个类似推特的博客类网站。他高度赞赏脸书的动态列表功能，表示这是"社交网络革命性的变化"。然而，网站在运营两年后即面临关停的局面。

王兴说："我现在每天在做的一件事就是想办法让中国人吃得更好，这是所有人的需求。"他还说，餐饮外卖是一项民生攸关的事业。在每一个国家，企业都需要遵守当地政府制定的法律和法规，这是企业发展的底线。餐饮外卖行业很少涉及政策法律方面的敏感问题。作为企业，我们遵纪守法，并且创造就业机会，我们这个行业很少涉及违规的问题。①

王兴言语间略显谨慎，这也是中国私营企业家普遍的风格。中国近几年经济飞速发展，造就了一批亿万富翁，他们太过于自信，但最终都意识到企业发展必须遵守底线和原则。

---

① 现在回想起来，王兴的这一说法难免有些绝对。2021年，中国启动互联网行业专项整治行动，蚂蚁金服公开募股计划被叫停，阿里巴巴因为垄断行为受到巨额罚款，美团及其他几个雇用大量零工的企业则因为外卖骑手权益保障问题接受调查，美团同时还遭遇长达数月的反垄断调查，并最终面临整改和支付高额罚款。这些事件不断提醒着人们，没有人可以凌驾于法律之上，即使那些声称让中国人吃得更好、活得更好的企业也不例外。

银河总经理

在创业初期，王兴一心只想在中国如火如荼的互联网领域闯出一片天地。

2010年，阿里巴巴发展迅猛，注册用户即将突破5亿名。王兴在经过两次创业失败之后，决定不去尝试产品类电子商务平台，而是创立一个服务类电子商务平台，并且要做就做得和阿里巴巴"一样大，甚至比阿里巴巴还要大"。

于是，美团诞生了。

那是一个激荡着乐观和自信的时代，在各个领域，不同的企业都力图复制阿里巴巴创业的成功。德国电商平台孵化器火箭网络（Rocket Internet）联合创始人奥利弗·桑维尔（Oliver Samwer），人称"德国创业圈的山寨王"，创办了很多高增长企业，其中一些企业被全球最大的团购网站Groupon收购。腾讯、火箭网络和阿里巴巴在东南亚电子商务市场也展开了激烈的角逐。

2011年2月，团购网鼻祖Groupon和腾讯联手成立Groupon中国（高朋网），融资6000万美元，广招美国名校工商管理硕士、牛津和剑桥毕业生以及资深银行家和顾问。Groupon中国区经理戴夫·张（Dave Chang）说，我们想要招聘年轻的、20多岁的、具有野心和抱负的外籍员工。

戴夫说道："齐聚高朋网的人才人人都有响亮的头衔，我们当时喜欢讲这么一个笑话，人人都是总经理，厉害一点的就是全球总经理，再厉害的便是银河总经理。"

因为加入高朋网，戴夫才第一次踏足亚洲。以他为代表的外籍人士看到了在中国千载难逢的机会，高朋网短时间内招聘了大量外籍员工，团队迅速壮大。

戴夫说："这真不可谓不疯狂。只要是活人，有心跳，有脉搏，会做简单的算术，就能获得工作。当时就是这样，6个月内雇用了4500名员工。"

然而，即便有腾讯的支持，由戴夫管理的高朋网还是没有获得预想的成功。

高朋网采用的盈利模式是发布团购并收取供应商佣金，而这种模式极其容易复制。短短半年之内，全国上下50多个城市都涌现出类似的团购网站，靠高额补贴争夺市场份额，甚至出现了5000家团购网站混战的局面。其中，拉手网和窝窝团这两家最大的团购网站获得了来自金沙江创投和鼎晖投资等风险投资公司数十亿美元的投资。

戴夫说："企业争相烧钱，形成一种恶性竞争，这也是奥利弗第一次烧钱没烧过别人。"

美团铁军

美团也加入了这场战斗。

王兴最早专注食品和餐饮领域。为了在"千团大战"中杀出一条血路，2010年9月，美团获得红杉资本的投资，之后大举扩员，员工人数一年内猛增10倍，达到2000人。

除美团外，"千团大战"打得并不光彩。美团的对手无所不用其极，高职高薪从美团挖人，夸大交易数量、企业市值、筹资金额，夸大折扣率。2011年7月，王兴在新闻发布会上面对众多记者公示公司的银行账户余额，以证明美团B轮融资5000万美元到账，直指竞争对手数字造假。

整整三个季度，美团在竞争中都并不占优势，不过企业仍在持续发展，甚至一度无法确切统计员工人数。

然而，这对王兴而言有如烫手山芋。当时，他缺乏管理经验，手底下的员工从来没超过20个人，而美团在一年之内增加到2000人之多。要带领企业杀出重围，他必须提升自己的管理能力。

时任阿里巴巴销售副总裁的干嘉伟，当时受阿里巴巴指派对美团开展尽职调查。2011年5月，王兴专程乘飞机来到阿里巴巴总部，找干嘉伟请教。干嘉伟回忆道："第一次见面王兴给我的印象并不深，第一印象是这个人额头很大。"

干嘉伟长着一张圆脸，说话轻声细语，是阿里巴巴最早的员工之一，从公司创立伊始就为阿里巴巴工作。同事和朋友都称呼他"阿干"。

干嘉伟原本在一家国有煤矿企业上班，1999年，他敏锐地觉察到互联网行业的发展机会，不惜放弃舒适的铁饭碗，敲开了阿里巴巴的大门。之后他一路晋升，担任阿里巴巴销售副总裁，他带领的团队人称"中供铁军"（中国供应商直销团队）。时至今日，这个名号依然能让人肃然起敬，倍感神秘。

王兴和干嘉伟在办公室聊了几个小时。王兴向干嘉伟倾诉竞争对手如何挖走美团的销售人员，试图寻求干嘉伟的意见。在中国移动互联网发展的早期，业务拓展严重依赖"地推"的方式，需要强大的销售团队说服商家签约，以及说服用户下载应用程序。因此，竞争对手往往不惜给出双倍甚至3倍的工资，挖走对方的销售人员。

干嘉伟说："王兴的创始团队是一群北大和清华毕业的学霸（学习能力极强），但缺乏团队管理经验。他有一众坚定的追随者，他们相信他的眼光和技术，但在日常运营方面，美团并不懂如何管理销售人员。我跟他说切勿操之过急。长远来看，把员工倒挖回来也是行不通的。长出来的肉才是自己的肉，在别人身上挖一块肉贴在身上也长不成自己的肉。你需要建立自己的销售团队。"

在会面过程中，干嘉伟被王兴说的一句话打动了。王兴说，阿里巴巴做的是第二产业的电子商务，代表的是过去，而美团的长远目标是创建一个第三产业电子商务平台，代表的是未来的更大的潜在市场。

"我觉得美团会有更大的市场、更好的机会和更快的发展。"

干嘉伟对王兴的远见印象深刻,他于2011年11月加入美团,担任首席运营官。11月15日,干嘉伟在阿里巴巴完成最后一天的工作便离开了他在杭州的办公室,于第二天搭乘第一班航班飞往北京。

"我疯狂地工作了12年,从未休息,现在又直接加入了美团。"

2011年11月16日上午9点,王兴一到办公室就下楼到干嘉伟办公桌前迎接他。王兴不善言辞,他略显腼腆地向两位联合创始人王慧文和穆荣均介绍干嘉伟。几人合拍了一张照片,但多年后,这些照片都已经遗失。干嘉伟说:"由此可见,我们并不擅长保管历史档案。"

多年后,阿里巴巴的人总说,美团挖走干嘉伟是一个正确的抉择。日后的事实更加表明,这位经验丰富的经营者对美团进行了大刀阔斧的改革,引入了成熟的监督体系,理顺了决策制定流程,建立起了一整套制度,而正是这些改革助力美团在日后成功击败了阿里巴巴。干嘉伟在美团期间的举措没有什么详细的记录,然而这一系列改革让美团成为新生餐饮团购企业的排头兵。也是在这一时期,美团引起了腾讯的注意。

随后的几周内,干嘉伟与美团数千名销售人员交谈。他走访了所有人员密集的部门,发现公司在销售团队定位、销售部门与其他部门的配合方面没有任何概念。

干嘉伟说:"没有管理制度,没有佣金体系,可以想象,就好像一支农民起义部队。昨天还在种地,今天就要扛枪起义了,员工对上下班打卡和公司治理一无所知。"

美团设有一个中央指挥部门,负责对团购周期和折扣率进行微观管理。这种管理机制一方面可以实现质量控制,另一方面却削弱了销售人员的权力。干嘉伟说:"前线销售和后台管理意见不一致,引起了很多内讧。"

干嘉伟称，他禁止销售人员向商家收取回扣，而是将销售人员的薪酬与业绩挂钩，增设区域经理，理顺管理流程。美团地推团队原有的架构包括77个城市经理、2个大区经理、1个销售副总裁。大区经理管理半径过宽，信息传导不顺畅。干嘉伟说："架构是硬件。要有GPU（图形处理器）、CPU，才能有效开展工作。"

干嘉伟将大区经理增设至8名，实行扁平化管理，赋予大区经理更多的权力。他还提升了部分城市经理权力，赋予其大区经理同等权力。他说："北京和上海这种一线城市属于持久战战区，我们必须缩短反应链路线，为这些区域提供更好的支持。"

干嘉伟还发现团购网站的一个重要的业务逻辑，即市场份额的增长与上单量的相关系数最高。

现在看起来，这显而易见。然而在当时，大多数团购网站都会限制每一单团购的上架时间。在美团总部，销售人员习惯发掘"消费意识"，优秀的销售人员往往通过分析年轻人的消费习惯，预测未来的消费热点。

干嘉伟却不以为然，在他看来："消费意识既没有标准，也不可量化。一线城市的销售人员怎么能了解小城市的消费热点呢？"

他认为，上单时间越长，销售额就越高，于是把自己的思考告诉了王兴。

王兴却吃惊地说："当然，这个我知道。"

干嘉伟说："即便王兴当时意识到了这一点，底下的员工肯定不知道。前线员工不知道自己都在做什么。"

这一事件凸显了王兴的一个性格缺陷。尽管对于逻辑的痴迷让他得以带领企业打了很多胜仗，但他天生不擅长人际沟通，在处理人际关系方面算不上成功。一位曾与王兴共事的人告诉我说："他将企业的成功归结于自己的逻辑，却全然没有意识到人的价值，缺乏对人才的欣赏。"即使日后公司上市，王兴跃身成为亿万富翁，他依然坦言自己不是一个好的管理者。

干嘉伟的发现让美团上下展开了一场激烈的争论。之前美团采用的是严格控制商品上架时间的策略，后台中心有"消费感"的人员才可以选择上线什么产品。而干嘉伟建议改变这一做法，增加供给，延长每个产品上线的时间。美团的核心高管团队甚至到北京西郊潭柘寺开会详细讨论了这一问题。

干嘉伟砍掉了制作部门，由销售人员在与商家签单之后直接上架团购产品，还推出了过期团购券的退款政策。

这样一来，美团的交易量迅速飙升，但接下来的"千团大战"异常惨烈。团购网站员工经常早上7点30分上班，凌晨两三点下班，一个人干几个人的活。他们参与的是一场生与死的较量。

干嘉伟说："在同行中数美团员工最拼，销售人员直接进行团购上架，使得我们比同行更快。我常对员工说，只要你能在美团干好，早晚会有人以现在几倍的工资挖走你。"

美团还设立了早、晚会制度，让员工相互分享成功的经验。销售人员每天早上8点30分或9点左右开早会，晚上同组长谈话。销售代表向部门主管汇报，分析有效举措和无效举措，部门主管第二天在部门会议上进行通报。事实证明，早、晚会制度起到了很好的员工激励和新员工培训作用。

当时，很多销售人员并不吃这一套，尤其是业绩突出者。不过，干嘉伟在制度执行方面非常灵活：只要是业绩好，就无须严格遵守这一制度；要是业绩不好，就必须恪守这一规定。然而，在早、晚会制度的激励下，先前业绩表现不佳的团队后来居上，反超了之前销售业绩好的团队。

美团打赢"千团大战"的另一个关键因素在于，王兴从最开始便专注食品和餐饮服务领域，而许多其他竞争对手将业务范围扩展到了椅子、吹风机等生活用品。王兴秉持"高频打低频"的策略，认为高频消费类别对于获取和留住用户至关重要。

2012年，美团首次实现盈亏平衡，而竞争对手都元气大伤，纷纷落败。高朋网和F团合并，但腾讯在新公司仍占据控股权。王兴说："对手倒下了，我们继续前行。"

由腾讯投资的高朋网在"千团大战"中落败，其中一个原因便是没有干嘉伟这样的得力干将。腾讯是一家社交媒体公司，不具备组建销售大军的能力，然而强有力的销售大军是团购的本质所在。腾讯的优势在于利用其即时通信软件，将流量引导至新闻门户、游戏等其他内容网站，而团购的业务逻辑截然不同。

至此，腾讯已经开始实施战略转向，转而投资初创企业，而非亲自涉足每一个领域。马化腾执意进军线上营销带动线下消费（O2O模式）这一领域。在马化腾看来，O2O模式打通了互联网和现实世界的联系，代表着一种未来趋势。

终极连接器

2013年11月下旬，马化腾开始提出"互联网+"的概念。两年后，这一概念被提升为国家战略。依据这一思路，任何行业都可以与互联网结合，从而获得彻底的颠覆与改变。互联网加零售就是电子商务，互联网加娱乐就是网络游戏。通过与互联网结合，运输、物流、制造和社区服务等更多行业得以转型，社区服务便是"互联网+"最直接的受益者。

马化腾认为，中国互联网正处于一个新转型的边缘。如果说Web 1.0能将人与虚拟世界的信息联系起来，那么智能手机的出现则成功地将人与现实世界中的服务联系起来，这在台式电脑时代几乎是不可能的。马化腾给腾讯设立的愿景是：腾讯会成为一个终极连接器——最终实现人与人、设备与设备、人与设备、人与服务的连接。他深知腾讯本身不可能涉足所有领域和业务，于是开启了企业的战略转型，投资其他企业，进而通过腾讯平台（先是QQ，后来是微信）为投资对象提供底层基础设施。

2014年，马化腾在一封致业界合作伙伴的公开信中这样写道："在PC端、移动端、多终端，腾讯都能成为一个互联网连接器。一端连接合作伙伴，一端连接海量用户，共同打造一个健康活跃的互联网生态，连接一切。"

如今，成为互联网连接器仍是腾讯的主要战略。

此时，地球另一端，脸书创始人马克·艾略特·扎克伯格（Mark Elliot Zuckerberg）也为自己的公司描绘了一个极其类似的总体愿景目标：通过社交网络连接全世界。这两家企业在战略上有很多惊人的相似之处，都希望尽可能多的用户入驻平台，并且驻足时间尽可能长。

与脸书相比，腾讯有一个过人之处，那就是能够更好地将用户与现实世界服务连接起来，这得益于腾讯的投资实力和投资战略。

彼时，美团仍坚定地站在阿里巴巴阵营。于是，腾讯便将注意力转向另一个头部团购网站——大众点评。大众点评于2003年由沃顿商学院MBA毕业的张涛创立，创立后曾一度获得谷歌和红杉资本的投资。腾讯通过入股大众点评，加入激烈的"千团大战"之中。

为表现诚意，腾讯两位最高领导人马化腾和刘炽平亲自约见了张涛，以打消他的顾虑。张涛后来回忆道："我们不是很确定腾讯的开放的心态到底是怎么样的，以前说腾讯什么事情都要自己做，还是这样的话就没有任何的合作基础。"①

马化腾和刘炽平觉察到张涛的态度有所保留，因而在第一次会面时并没有直奔主题，而是花了大量时间讨论如何通过双方的合作，产生一些潜在的协同效应。在和马化腾与刘炽平聊下来后，张涛得到一个重要信息，即腾讯确实明白没有办法依靠自己的力量做O2O。腾讯

---

① 丹声道. 大众点评张涛：马化腾想明白了，很脏很累很苦的活腾讯其实不愿意做. 虎嗅网，2014-07-20.

习惯通过其在线平台实现快速扩张，并不擅长通过大量人力投入打团购战。

张涛说：腾讯确实是想明白了，腾讯希望聚焦在平台这一块，像O2O这种很重的、很脏很累很苦的活儿，腾讯其实不愿意做。[1]

经此，大众点评同意腾讯入股20%，其后不长的时间，美团就快速崛起了。当时的腾讯也相信，这个企业总有一天会让世人刮目相看。

而命运最终会将王兴推向腾讯阵营——虽然不是现在，并且其中还会有一些曲折。

---

[1] 丹声道.大众点评张涛：马化腾想明白了，很脏很累很苦的活腾讯其实不愿意做.虎嗅网，2014-07-20.

人字拖战争

打赢团购战后，美团接下来的举动便顺理成章。

王兴指派手下"带刀护卫"王慧文考察下一步方案。王慧文花了一年的时间，进行了诸多思考，比如为顾客提供Wi-Fi（无线网络），餐厅供应链管理，什么都想过。美团有一个专门负责监控手机其他应用程序的团队，某应用程序日订单量一旦超过1000单，马上就会被美团发现，正是这一机制让美团发现了市场机遇，即食物配送。

外卖市场在当时已经不再是未知的蓝海。当时，创业公司饿了么已经成立了4年之久，其外卖业务覆盖了各大城市的主要大学。饿了么创始人张旭豪是一名狂热的游戏爱好者，毕业于上海交通大学。他凭借一双"全世界最丑陋的脚"给风投公司留下了深刻印象，因为他常常穿着拖鞋就给人送餐，脚上全是老茧。

王慧文组建了一支30人的团队，迅速在全国30个城市推出外卖配送业务。当时，饿了么仅入驻了12个城市，而且并没有大面积铺开，只是从一个城市的一所大学开始试点。美团从饿了么挖来了大约5名经验丰富的员工，但除此之外，其余人对于配送业务可以说一无所知。

然而，接下来的进展并不是那么顺利。随后，美团商业情报部门获悉投资基金今日资本创始人徐新有意进军外卖行业。当时正值王兴太太临产，他从美国致电徐新，游说今日资本放弃饿了么，转投美团。

徐新思维敏捷，谈吐简洁明快，素有"风投女王"之称。她投资眼光敏锐，曾先后投中早期的京东、携程等知名互联网企业。

然而，徐新并没有立即决定投资美团，因为当时今日资本已经入股腾讯资助的企业大众点评。不过，在某种程度上，美团确实成功干预了饿了么的融资。徐新说："我认为美团的确很强，因此我们决定不投资美团的竞争对手。"

接下来，美团的确发展迅猛。配送与团购具有不同的逻辑，比如团购尽可能注重上架商户数量，而配送则看重可靠便捷的服务。一位负责大学校园配送的美团城市经理可能仅对接8家餐厅。

2014年4月，美团将两位深谙此道的城市经理召回总部，请他们交流经验。其他城市经理也竞相效仿，不甘示弱。饿了么员工每天早上8点在大学校园布告栏张贴海报，美团员工便10点赶去用美团的海报覆盖饿了么的广告。

有些商户与饿了么签署了独家协议，美团员工称，他们会在未取得商户同意的情况下，用美团专送为商户提供配送服务。因此，商户能够获得销量提升，自然也很乐意违背独家协议与美团合作。一年内，美团外卖订单量开始攀升。

此时，美团面临着一个重要抉择：要不要建立自己的配送团队，以提升服务质量？这是一个很大的改变，随之带来的是工作量的激增和利润率的下降。但王慧文说，这是"最合乎逻辑的抉择"——美团可以通过此举，尽可能减少其对餐厅配送服务的依赖。

美团采取了自营和加盟并行的模式，这样第三方企业可以运营配送站，负责半径2公里范围以内的配送业务。截至2019年，美团70万名骑手中大部分是通过加盟方式加入配送大军的。

王兴说，美团取胜的关键在于其通过可靠的技术，实现了实时路线优化和骑手位置追踪。多年来，王兴从不掩饰自己模仿其他应用程序的行为，还说脸书也是模仿了其他产品。依照他的逻辑，企业取胜的关键在于能够提供最好的服务，而不在于创新，因为服务品质才是客户最为关心的问题。

于是，2014年美团打了至少两场大战——团购和外卖配送，同时也打响了电影票务等小战。

团购战进行到现在，市场上只剩下三个强有力的竞争者：腾讯投资的大众点评、国内搜索引擎龙头企业百度和阿里巴巴投资的美团。

史诗级"变节"

据精品投行华兴资本创始人包凡估计，在团购大战中，美团和大众点评共计每年烧掉约合20亿美元资金，因为华兴资本同时是两家公司的投资人和财务顾问，非常清楚两家公司的情况。

包凡在华尔街打拼多年，曾在瑞士信贷集团（Credit Suisse）和摩根士丹利（Morgan Stanley）就职。他做事一丝不苟，锻炼出了反应快速而表达流利的英语能力。后来，他创立了一家精品投行，成功促成过多次重大合并，在业界声誉颇佳。包凡个子不高，说话简洁明了，凭借其优异的交易业绩获得了业界的赞誉。

包凡担心高额补贴烧钱的做法难以维系企业运行，为吸引商家入驻平台，三大团购企业不得不承担销售费用，向商家预付高达数百万美元的资金。"资金消耗率持续走高，而现金流每月都在减少，这非常可怕。"

今日资本创始人、大众点评投资人及董事会成员徐新也认同包凡的观点，她说："要么需要足够强大的内心，要么需要一个盟友。"

美团和大众点评早在2013年便萌生过合并的念头，但最终未能成功。原因在于，双方资金尚且充裕，并且当时也无人主导这件事。而如今既然双方都开始出现资金问题，便开始认真考虑合并事宜。包凡说道："两家公司都面临着可持续性问题，融资出现了困难。"

而就在此时，美团与阿里巴巴开始出现分歧，腾讯正好乘虚而入。

多年来，阿里巴巴一直试图全面整合美团。据美团联合创始人王慧文称，阿里巴巴一度提出要将美团整合为其网站上的搜索工具，并将美团服务数据库（包括其重要商家和客户数据）同步到阿里巴巴购物网，但均遭到美团的拒绝。

据当时知情人士透露，王兴甚至有时会直接无视阿里巴巴高管提出的要求，其傲慢不合作的形象进一步加剧了双方的分歧。

大概2015年初，美团获得了7亿美元的风险投资。阿里巴巴要求将其在美团的股权增持到大约1/3，认为此举会更有利于双方的发展。然而，王兴希望保持独立性，当即拒绝了该提议。

王兴说："我们应该都认同阿里巴巴是一家野心勃勃的企业，阿里巴巴的这种思维方式很奇怪——'所有商业都是我们的，如果你有什么商业举措，就是在偷我们的钱'。"

因此，王兴觉察到一场恶战即将到来，于是在当年7月开始发起新一轮融资。而这一次，阿里巴巴并没有跟投，而是选择转投口碑网。阿里巴巴在当年6月即承诺向本地生活服务平台口碑网注资10亿美元。

这一次，王兴真的遇到了麻烦。就在王兴抵达旧金山进行新一轮融资当日，国内搜索引擎巨头百度宣布，将投入超过30亿美元用于构建其在服务行业的影响力。王兴说："这给其他金融投资者带来了更大的挑战。"

王兴当时面临两个选择，要么与百度合作，要么降低公司估值，进行折价融资。

然而，接下来第三种选择出现了。今日资本创始人徐新听闻美团和大众点评都遇到了融资问题，便将此事告知大众点评投资人、腾讯总裁刘炽平，极力敦促其促成两家公司的合并。徐新说："如果大众点评和美团不合并，那么双方都无法获得融资，只是他们需要一个'白衣骑士'来促成这笔交易。后来，'白衣骑士'出现了，就是腾讯，随后便有了刘炽平的介入。"

但如果让双方创始人自己去谈，则很难达成一致，于是刘炽平通过前下属陈少晖的介绍结识了王兴，而陈少晖后来成为美团的首席财务官、高级副总裁。

两个人在朝阳区东部金融区的一家日式餐厅会面。谈判进展得非常顺利，腾讯愿意领投美团的募资，约定出资10亿美元，并承诺在美团与大众点评合并后，引入腾讯的关联方和合作伙伴，同时保证让合并后的企业独立运营。王兴说："这是一次非常轻松的会谈，双方各取所需。"

总而言之，几方谈了10天，交易最终达成。谈判秘密进行，行动代号为"种族"（Race）。大众点评代号"杜卡迪"（Ducati），美团代号"迈巴赫"（Maybach）。后续谈判在香港进行，持续了10个小时，一直到午夜之后，其间任何人都不得离开谈判室。其后，京东首席执行官刘强东在澳大利亚举行婚礼，参加婚礼的刘炽平及美团另外两位主要投资者红杉资本中国基金创始人沈南鹏和华兴资本首席执行官包凡继续就合并事宜进行谈判。

包凡说："参加婚礼时我们都还在紧锣密鼓地低调行动，但也别无选择，因为一切都必须秘密进行。"

据与会人士透露，在合并会议开始前12个小时，美团才单方面通知阿里巴巴。尽管阿里巴巴在投资方面拥有否决权，但实际上已经别无选择。由于美团的注册地在开曼群岛，这次是依据开曼群岛法律发起的合并，因此在法律上只需取得董事会和股东的批准即可。从理论上讲，阿里巴巴本可以起诉美团，却没有这样做。

这件事让马云勃然大怒，这次合并对他来说是背叛，对腾讯来说是胜利，对王兴来说则是生机。

百度也一度有意投资美团，但在估值方面过于保守犹豫。正是这一风格致使百度多年来在一些重要的收购中频频失利。百度旗下的外卖平台获得总部30亿美元的投资承诺，后来也步其后尘，被出售给阿里巴巴。

这次事件让阿里巴巴感到非常不快。后来，据悉阿里巴巴以125亿美元估值美团，折价9亿美元出售美团股票，美团总估值比其上一轮融资的估值低了40%，试图以此打乱美团的融资计划。而对于此举，阿里巴巴拒绝置评，让美团的融资之路变得异常艰难。

事实表明，成为美团大股东的腾讯此时发挥了力挽狂澜的重要作用。最终，腾讯促成了俄罗斯亿万富翁尤里·米尔纳（Yuri Milner）所有的数码天空科技（DST）以及新加坡主权财富基金——新加坡政府投资公司（GIC）对美团的投资。

包凡说："团购大战为即将到来的网约车、自行车租赁大战的资金消耗模式奠定了基调。自此，资金消耗模式成为国内所有平台驱动、胜者为王的样板。"

在合并期间，一个最为棘手的问题是：合并后由哪一家企业创始人担任首席执行官？对于新企业首席执行官的位置，王兴从一开始便志在必得，他有几个得天独厚的条件：得益于早期向小城市的扩张，当前美团的市场份额是大众点评的两倍；除此之外，美团已经经营了两年外卖配送业务，王兴认为这是新公司的增长引擎。

最终，两位创始人达成了共识，双方均认可本次合并是一次对等合并，但同时也认可大众点评创始人张涛有朝一日一定会将公司移交给更为年轻的王兴。张涛出生于1972年，在中国互联网界已经算廉颇老矣。

国内技术行业在年龄方面的歧视一直以来都备受硅谷责难，然而此风气愈演愈烈。程序员和产品经理的年龄上限通常是30岁，而销售人员则在25岁甚至以下。中国大型招聘平台上数以千计的招聘广告中都对求职者年龄设置了上限。

事实上，艰苦打拼了5年的张涛一直有意急流勇退，只不过他退出的时间比自己之前预期的要早得多。2015年11月，张涛发了一封颇具意味的邮件后，逐渐淡出了公司。光速中国创始合伙人、大众点评投资人宓群这样评价道：“张涛心胸宽阔，着眼大局。”

新成立的美团点评面临一个两难的局面：将其外卖业务交给竞争对手饿了么，还是继续由自己运营？合并前的大众点评持有饿了么大量股份，如果美团将外卖业务交给饿了么，张涛自然会获得更多的权力，双方的平衡关系也会由此打破。因此，王兴更倾向于由美团点评自己运营外卖业务。

王兴和张涛之间展开了激烈的争论。王兴和得力助手王慧文花了很长时间，终于说服刘炽平同意由美团点评继续经营外卖业务。他们让刘炽平相信，只有通过外卖直营，美团点评才能更好地把控外卖服务。

当时还有一种选择，即美团点评主营团购业务，同时入股一家餐饮配送投资组合公司，对该业务不拥有直接执行权。但这样一来，会引起诸多问题，尤其是考虑到当时美团仍处于与阿里巴巴和百度的较量中，此举更不可取。

不管当时的考虑究竟如何，后来的事实证明，当初的决定是正确的。随后几年里，美团逐渐将饿了么挤出战略市场，成功扩大自身市场份额，最终建立了全球最大的外卖配送服务体系。

如今，美团点评估值为2000亿美元，这在一定程度上归功于多年前的这一决定。相形之下，Groupon的同期估值仅为6.7亿美元。只不过，不幸的是，这一事件给阿里巴巴与美团之间的恶战埋下了种子。

对战阿里巴巴

战火以阿里巴巴出资95亿美元收购饿了么被点燃，当时美团一度出价 90 亿美元，但未能赢得收购权。阿里巴巴还收购了百度的外卖业务，将其合并到饿了么及其内部部门口碑网。2018年8月，并购后的阿里巴巴从包括日本投资巨头软银（SoftBank）在内的投资者处筹集资金超过30亿美元。仅在当年第三季度，阿里巴巴在外卖平台的补贴和折扣上的花费就高达约5亿美元。

然而，腾讯入股的美团点评依然在枪林弹雨中幸存下来。在谈及阿里巴巴时，王兴并没有一丝保留。他批评马云在未获阿里巴巴董事会批准的情况下剥离支付宝业务，称此事对中国商界领袖在全球的声誉造成了持久伤害。王兴说："我仍然认为他有诚信问题，那件事的影响至今都被低估了。"

王兴的行事风格与亚马逊杰夫·贝索斯有些类似，他并不急于盈利，只要公司现金流良好，他便随时考虑投资新业务。

王兴的迅速崛起，为外界更好地了解腾讯提供了一个独特的视角。

2015年，腾讯对美团的投资是腾讯一向行事风格的缩影——选择正确的投资对象，之后便不再干涉。

马化腾和刘炽平都认为王兴和最初的马化腾有些类似，他是一位具有远见和意志坚定的企业家，能够迅速、大规模地进军新领域和进攻竞争对手，能够在必要时调整路线，但始终更喜欢独立自主。

颇具讽刺意味的是，美团最重要的改革之一，即销售队伍和决策流程的重建，是由阿里巴巴的老将干嘉伟一手主导的。

腾讯与王兴的合作为今后多年内腾讯与阿里巴巴的一次又一次较量奠定了基调。两个巨头日后在支付和出行领域将展开激烈的较量，不但涉及美团，还涉及腾讯投资的另一家重要企业——滴滴出行。

滴滴出行在国内因击败优步而闻名，但要更全面了解这一事件，则要从腾讯至今推出的最为强大的产品——微信说起。

chapter

第七章

微信：中国的虚拟城市广场

7

微信起源

试想一下，如果全世界的人不用手机，生活会变成什么样。没有手机，我们只能勉强度日，叫外卖、联络朋友和家人以及购买物品这些看似寻常的事情变得遥不可及，处理紧急情况更是一种奢望。而在中国，如果手机里没有安装微信，情况同样如此——微信俨然成为拥有10亿名用户的在线论坛、聚会大厅和购物集市。尽管名为"微信"，却提供了很多远超通信服务的业务。

我曾造访微信总部，当时微信已经拥有10亿名用户，成为一款超级应用程序，用户数量达美国人口的3倍。如今，它已发展成为继脸书和瓦次普之后全球最大的社交媒体平台，其用户数量已远超推特和色拉布。

微信总部设立在气候宜人的南方城市广州，园区内爬山虎沿着砖砌的平房蜿蜒而行，樟树遮天蔽日，蝉鸣不绝于耳。除此之外，园区异常安静，并且有自助便利商店和装潢别致的咖啡馆。园区是由20世纪60年代广州纺织机械厂改造而成。在一张张开放的办公桌前，程序员们伏案工作，共同打造微信这一凝结中国社会结构的产品。游戏、购物、乘车、预约挂号，微信已经成为国人一切线上活动的载体。

我做过这么一个实验——计算自己使用微信的频率。我先是用微信给朋友发了消息，约对方见面，之后朋友向我发送了餐厅的位置，随后我叫了一辆出租车，在路上听了泰勒·斯威夫特的歌，订了《蜘蛛侠》的电影票，之后付了出租车费。在到达餐厅后，我们用微信扫码点餐，用餐完毕后支付账单，其间基本不需要与服务员有任何交流。在返程途中，我订了近期旅行的机票和酒店，浏览了朋友的社交媒体动态，看了看当天的新闻和明星的"八卦"。

实验结果就是，我无时无刻不在使用微信。

当然，微信只是一个应用程序，但它异常强大，强大到足以终结其他所有应用程序。人们可以用微信叫出租车、向慈善机构捐款、玩游戏、转账和收款。微信不仅是应用程序的枢纽，也是服务和客户的枢纽。中国有将近99%的互联网用户都在使用微信，使用时长占到了一天总时间的1/5。在游戏、支付、社交媒体、音乐等与互联网有关的一切领域，微信遥遥领先于所有其他产品。

其实，微信的设计初衷是为用户提供一款即时通信工具，然而它逐渐整合了支付、银行结算、社交媒体、音乐、旅行、点评、网约车、短视频、电子商务、交友等诸多功能。微信在这方面有一点像安卓，但不同之处在于，这款如此强大的超级应用程序，其监管、开发和控制都掌握在一家企业手中。

如上所述，我们可以得出结论：微信如此实用而便捷，简直让人难以置信，10多亿名用户每天都为之痴迷。

2020年，功能强大的微信引起了美国时任总统特朗普的注意。在美国大选前夕，特朗普下令禁止微信在美国运营。尽管当时微信在美国并不为大众所熟知，用户数量不多，大约只有几千万人，与微信的全球用户相比只能算沧海一粟。但特朗普的言论还是引发了强烈的市场反应，当日腾讯市值缩水了1/10，只是腾讯并未就此事发表评论。

之后，美国地方法院签发临时禁令，叫停了特朗普对微信的限制。美国新任总统拜登撤销了禁止新用户下载微信应用程序的行政令，并下令美国商务部重新审查这些应用程序带来的安全担忧。

这起事件告一段落，但微信与美国之间的纠葛可能远未休止，而且还彰显了微信的影响力。

然而，微信最初的愿景并非要统治其他一切应用程序。早先，腾讯在电脑游戏领域获得了巨大成功，随即便成功预见到了移动革命的到来，微信的诞生正是腾讯迎接移动革命的举措。微信凭借人数不多但异常强大的团队，以及坚定的决心和雄厚的财力，击败了好几十个更为强大的竞争对手。这个故事国人耳熟能详，然而其中的细节鲜为科技圈外的人所知。

微信的起源非常单纯。2010年，全世界都在屏息关注iPhone 4的问世，全球电信运营商即将从2G网络提升到3G网络，移动互联网速度将大幅提升。当时，腾讯的桌面应用程序QQ在社交媒体和即时通信领域独霸天下，更由于腾讯早期进军单机和网络游戏获得的巨大成功，马化腾早已跃身成为亿万富翁。但此刻他的担心是，腾讯的商业帝国随时会受到来自新兴移动创业公司的威胁。

马化腾认为，如果不想被替代，就只能自我迭代——他希望创造出一款足以颠覆腾讯当前核心业务的产品。

为此，马化腾甚至放了狠话："这是生死攸关的事情，速度决定生存。"[1]

在腾讯，三个团队立即着手开发移动信息应用程序。2010年底，

---

[1] 香港大学媒体档案，2015年7月。

一位名叫张小龙的程序员半夜给马化腾发了一条消息，建议打造一款适合智能手机的社交软件。马化腾通常凌晨4点才睡觉，收到短信后，他立刻作出了决策。

刘炽平说："微信对腾讯的影响难以估量，我们当时知道用户需要一款本土开发的用于移动设备的即时通信产品，但并不曾预见微信的成功程度。"

回顾腾讯的发展历程，将张小龙招至麾下无疑是腾讯招聘史上的一个英明决策，是他开发出了无处不在的应用软件微信。张小龙沉默寡言，头发由左边偏分盖过头顶，说话时经常支支吾吾，一副害怕说错话的样子。时至今日，就算他是微信创始人，仍总是躲避聚光灯。然而他拥有一众狂热的追随者，一旦他出现在公众视野，便会备受关注。2019年，他在"微信之夜"亮相，原本计划演讲30分钟，实际独立演讲了近4个小时，成千上万的观众坐在座位上静静聆听，直到深夜。

鲨鱼子宫文化

张小龙于1969年12月3日出生于湖南省邵阳市，大学毕业于位于湖北省的华中科技大学电信专业。这所大学算不上顶级学府，但足以让张小龙学到日后傲视IT界的本事。他求学时性情羞涩内向，时常流连于大学机房。同时，他还沉迷阅读各种哲学书，在弗里德里希·哈耶克（Friedrich Hayek）的书中，他找到了慰藉。但由于张小龙本人不善社交，所以他一生大部分时间都致力于探索人与人如何更好地沟通。

1994年，张小龙大学毕业，渴望成就一番伟大事业。当时，他才25岁，拒绝了国有电信公司的工作，一路南下，来到了广州。

在他看来，沿海大都市充满机遇。当时，广州是中国第三大城市，面积几乎是美国纽约的10倍，制造业和贸易业正蓬勃发展。

然而，他第一次就业并不顺利，他去了一家初创公司，但这家公司两年内就倒闭了。于是，在找到第二份工作之后，他决定在业余时间专注开发电子邮件客户端。那段时间，他下班之后便开始自己的热情创作，凭一己之力写出了70000行代码。

就这样，在早期的中国互联网上如雷贯耳的Foxmail诞生了。张小龙将这套电子邮件客户端软件免费共享给用户使用。当然，在很长一段时间内，他都不知道如何盈利。据后来创立奇虎360的周鸿祎回忆，他当时在广州见到张小龙时，两个人在一间面积狭窄、烟雾弥漫的办公室促膝而谈，他建议张小龙通过引入广告获利。张小龙却反问他：为什么非要将这个客户端商业化呢？对于张小龙来说，他的追求是致力于创造好的产品，盈利的事情不在他的考虑范围。

1999年，张小龙辞去了在一家文档管理软件公司的全职工作，全力维护自己已经倾注两年心血的Foxmail。他离职的一个原因是，在公司上班让他感到局促，即便日后他在腾讯身居要职，依然离群索居，常借故不出席一周一次的腾讯高管会议。

但辞职后的张小龙没有什么经济来源，只能勉强度日，依靠自由职业赚取的收入维持生计和维护Foxmail。现实让他一度对电子邮件产品客户端的价值产生怀疑，甚至考虑将产品转手送人，这样他就可以无牵无挂地收拾行李去硅谷了。

然而，商机在这时出现了。因为Foxmail当时已经成功吸引了超过 200万名用户，时任金山公司总经理的雷军联系上了张小龙，希望买下Foxmail。那时的雷军29岁，后来创立了知名智能手机品牌小米。

张小龙保守地给出了15万元（当时值大约2万美元）的报价，但交易没有达成，因为雷军忙于工作，未曾给张小龙回应。幸运的是，两年之后，互联网公司博大（Bo Da）开价1200万元收购了Foxmail，同时也将张小龙招至麾下。

但对于这次收购，张小龙一度感到后悔。消息宣布当晚，他在一封充满伤感情绪的信中写道："我能从内到外数出它每一个细节，每一个典故……在我的心中，它是有灵魂的，因为它的每一段代码，都有我那一刻塑造它时的意识。我突然有一种想后悔的冲动。"[1]

张小龙30岁那年，买了辆车，去了趟他一直向往的西藏，不过他人生的真正转机出现在5年之后。据媒体援引的知情人士消息，2005年，腾讯以500万美元的价格收购了Foxmail。张小龙从此加入了腾讯，可以继续专注于自己热衷的电子邮件产品。事实证明，张小龙在电子邮件架构方面的专业知识为研发微信奠定了坚实的基础。

然而，在腾讯内部参与开发移动即时通信应用程序的，除了张小龙团队，还有另外两个团队，大家都争相超越对方。其中一个团队是从QQ分拆出来的，因为QQ一直专注社交媒体、游戏和新闻需求，所以团队对腾讯在电脑桌面时代的成功贡献也最大。允许多个内部团队相互竞争，在腾讯并不罕见，实际上这正是腾讯持续创新的举措。

全球化智库高级研究员莫天安说："腾讯的文化就像鲨鱼的子宫，虽然没那么致命，却能让每个成员更快适应，并更具竞争力。"这句话意指尚未出生的鲨鱼幼崽在母鱼子宫中通过蚕食兄弟姐妹而存活。

---

[1]　张小龙学习笔记，2019年。

TalkBox 损失 1000 亿美元业务

其实，微信最开始并不具备语音功能。

张小龙和其他10位团队成员挤在一间狭小的办公室，里面有很多老师在教室里讲课用的那种老式白板，这一团队如今被称作"小黑屋11人"。

腾讯创始团队主要由应届毕业生构成，他们构想出了微信的第一个版本。微信"小黑屋11人"之一的陈岳伟在接受中国人民广播电台采访时说："当时压力太大了，但我们凭借更好的技术，成功地击败了竞争对手。"

然而，在陈岳伟轻描淡写的叙述背后，是研发团队面临的各种错综复杂的问题。

2010年11月，微信1.0问世。这个版本当时只有4个功能，即设置头像和用户名、发送简单的短信、传输照片和导入联系人列表。除了直接注册，用户还可以用QQ或者邮箱注册登录。如今，回顾微信1.0版本的设计思路，很明显是基于个人电子邮件联系人列表构思而来的。

在早期，微信因为与加拿大即时通信应用程序Kik过于相似而备受批评，但张小龙像手持对讲机一样对着智能手机说话的样子，已成为移动时代最具标志性的画面。对于习惯用手指打字的手机用户来说简直闻所未闻。这就是风靡一时的微信"即按即说"功能，用户可以录下一分钟的语音消息，以气泡方式发送给对方。研发这个功能背后的故事很曲折。

微信1.0推出之后，反响很一般，历时6个月仅吸引到100万名用户。在互联网行业发展如火如荼的时代，这个数字意味着失败。

张小龙自身性格的缺陷是导致微信1.0版本失败的一个原因，尽管他称得上是中国最好的产品经理，却不擅长清楚表达要求和愿景。一位不愿意透露姓名的微信团队早期成员评论说："和张小龙共事相当痛苦，我们必须不断猜测他想表达的意思，即便构想出7—8个版本，他都只会摇头否定。"

而另一个原因，就是当时另外一款产品风头正盛。在香港，微信当时最强大的竞争对手正加速发展，这家初创公司正在孵化一款名为TalkBox的应用程序。

2010年前后，在香港发短信很贵，每条要0.8元。一年前，瓦次普问世，立刻深受精通智能手机、对价格敏感的消费者的青睐。随后，苹果手机开发了消息推送功能，进一步刺激了消息应用程序的爆炸式增长。但无论是对于香港还是内地的老一辈人来说，瓦次普都非常难用，在小屏幕上打字很不方便。这给规模较小、深谙本地市场的企业带来了机会。

当时，年方21岁的香港大学毕业生黄何给出了自己的答案。黄何为人直率质朴，留着山羊胡，扎着长长的马尾辫，给人一种赛博朋克的感觉。他花了几个星期时间教父母如何在苹果手机上用瓦次普，然而父母仍然学不会发短信。

一天，他偶然间看到香港出租车司机使用对讲机沟通，顿时受到启发，构想着开发这样一款应用程序——用户按下按钮，录一分钟讲话内容，就可以发送语音消息。黄何说："输入中文比输入英文难多了，这就是随按即说功能在亚洲受欢迎的原因。"

TalkBox于2011年1月上线。黄何和其团队准备模仿瓦次普，在用户量达到100万人后，开始向用户收取1美元的一次性下载费用。他们预计用一两年时间来实现这一目标，然而事实上只花了一个月的时间。中国互联网行业领军人物、前谷歌中国区负责人李开复称赞TalkBox是一款最值得关注的应用程序。几个月来，无论在中国香港和还是在内地，TalkBox的下载量都高居榜首。

随后，中国的山寨产品横空出世，让黄何意识到自己的产品原来如此受欢迎。在TalkBox推出短短几周后，某一天深夜，他发现了一个用户注册名：马化腾。又过了一周，张小龙也注册了TalkBox。黄何说："我感到很惊讶，马化腾和张小龙竟然会亲自测试我们的产品，这两位大型企业负责人竟然如此热衷于进行产品测试，真是令人惊讶。"

腾讯一定是掌握了足够的技术，从而得以在初始阶段压制TalkBox的发展。就在TalkBox推出4个月后，微信模仿TalkBox推出了随按即说功能。

那时，移动互联网速度还比较慢，发送一条30秒的语音消息，大约需要30秒的时长，大大影响了用户的体验。TalkBox创新设计出一种机制，可以在用户讲话的同时，一点一点发送已经录入的内容。黄何说："这样，用户便会产生一种错觉，感觉这款应用程序速度更快。"

其他模仿者都只是模仿了皮毛，没有费心整合这一重要功能，而微信是个例外。黄何说："那时候我们就知道，微信正非常仔细地研究我们的产品。"

没多久，黄何接到刘炽平的电话，称腾讯有意收购TalkBox。这通电话除了让黄何感觉受到了腾讯的认可，也让他很恐慌。在中国，没有初创公司能够拒绝来自腾讯的收购报价。黄何说："当时我担心腾讯通过收购灭掉初创企业，或者通过抄袭让初创企业在精神上灭亡。"

基于此，TalkBox对这次收购高度警惕，并且对自身与腾讯展开较量的能力秉持盲目乐观的心态，最终没有接受腾讯的提议。

就在TalkBox推出几个月之后，他们犯下了第一个错误。时值2011年，大部分人还在使用2G网络。那时销量最好的是每月30MB的流量包，价格大约在每月6元。初出茅庐的黄何自信地认为，3G网络很快就会普及，于是将产品研发的重心放在了语音质量上而忽略了速度。事实证明，TalkBox想错了，因为3G网络在2013年才全面普及，比黄何预计的时间晚了一年之久。

而微信的开发重心则刚好相反，之后微信很快开始逆袭。当时，用TalkBox每发送时长1分钟的语音消息，需要消耗0.1MB流量。如此一来，用户每月30MB的流量包远远不够用，因此很多用户放弃使用TalkBox发送语音消息。而相比之下，使用微信发送同样长度的语音消息，消耗的流量只有TalkBox的1/5。

TalkBox得到一个重要的教训，这也是给全世界初创公司创始人的一个教训——时机就是一切。创意出现得太晚，便会错过潮流；而创意出现得太早，用户就无法认识到产品的价值。在台式电脑时代，送餐和餐饮团购肯定没有办法像今天这样迅猛发展。

当时，盗版现象还没有得到有效的遏制，产品设计和执行远比产品创意更为重要。有人认为剽窃扼杀创新，打击了原创者。而另外一些人认为，同行借鉴也能驱动企业不断通过微型创新，推出最好的产品。

但不管真实情况如何，尽管微信整合了TalkBox最独特的功能，当时TalkBox并没有起诉微信或腾讯。

TalkBox自2011年下半年开始便止步不前，对于微信的迅猛发展只能够望洋兴叹。人工智能大师李开复评论说："TalkBox错失良机，损失了1000亿美元的业务。"

2012年，微信用户数量达到了1亿人，一年以后又增加了3倍。至此，微信不仅超越了TalkBox，还超越了腾讯自己异常强大的产品QQ。当时，QQ团队正忙于与微博对战，无暇投入移动版的开发。QQ早期的手机版非常难用，没有推送通知，用户无法及时查收好友的离线消息。而微信则通过关联QQ的联系人列表，轻易获取了QQ的数亿名用户，同时还开发了提示QQ消息的功能。

QQ手机版输给了自己公司推出的新产品，这成为一个经典案例，向我们揭示了商业中不可预测的颠覆力。实际上，微信并没有取代早期成功产品的意图，只不过QQ没看清未来发展的方向，错过了移动时代的到来。

马化腾秉承的原则是要么被颠覆，要么自我颠覆。这样的价值观被灌输给了腾讯的每一位员工，也造就了腾讯内部的偏执型风格。

这件事情过后，黄何也明白了自己凭一介初创公司与业界巨头抗衡的想法是多么荒谬，当然从客观上来说，当时还有一个对TalkBox不利的因素：TalkBox的服务器设在海外，严重影响了网速。

向社交媒体平台转型

微信在用户突破1亿人之后，便转向了腾讯最为擅长的领域，即打造一个社交媒体平台。2012年4月，微信推出了其最受欢迎的功能"朋友圈"，用户可以实时查看其他用户发布的照片和文字。

腾讯创始团队与开发QQ时如出一辙，从最开始便试图基于微信开发出更多的功能。腾讯再次看到了面向用户交叉销售内容、新闻，甚至音乐和游戏的机会，随后便步步为营，求新求稳。这一思维与瓦次普截然不同——瓦次普一向崇尚极简主义。

腾讯首席探索官网大为说："腾讯一直致力于推动产品间的战略。"

微信很快便意识到，要吸引用户在社交媒体页面发帖，还需要向用户提供内容。于是，3个月后，微信推出了"公众号"的功能。作家、记者和政府机构都可以注册公众号，随后就可享受类似博客的服务。其他用户如果喜欢公众号发布的内容，可以轻松转发文章，并关注公众号。

至此，微信从一个简单的即时通信工具发展成为一个综合性社交媒体平台。

万能应用：小程序

为获得长足发展，微信需要进一步丰富其功能，将产品打造成为一个万能应用程序。如果微信能够成为中国14亿名用户的首选应用程序，那么便实现了马化腾连接人与人、设备与设备、人与设备、人与服务的愿景，微信也便有了很大的发展空间。

全球化"在本质上是每家中国公司都面临的挑战"。刘炽平说道："当时我们面临一个重要的决定，即是否要把微信打造成一个平台。只要我们专注国内业务，便可以深入国内市场。我们可以不断开发新功能，例如，即时通信、朋友圈、公众号、微信支付。我们一步一步实施战略并深入。"

他继续说道："我认为这是一个明智之举。中国是我们的大本营，攻克国内市场绝对是我们首要的任务。于是，我们将微信打造成为一个平台，但做成平台之后，产品转化也成为另一个问题。"

微信一直以来都致力于深入国内市场。2016年9月，微信邀请200名程序员开发了一项叫作"小程序"的新功能。

小程序开发的初衷是：用户在使用多种服务的同时无须下载这些相关应用软件。2017年1月，微信小程序功能正式上线。这一优势功能让用户使用微信的时长成倍增加，并成功将用户与现实世界的服务联系起来。

然而，小程序在推出之后遭到了质疑，因为国内最大的搜索引擎企业百度在两年前就尝试过同样的举措，却以失败告终，其中一部分原因是百度还未能完全在移动时代站稳脚跟。

我有机会与腾讯小程序项目负责人面对面交谈时，问过类似的问题，比如：微信是否会推出自己的应用商店？是否会对精简版应用程序进行推荐和排名？然而，让我吃惊的是，这位负责人告诉我，微信并没有此打算。他说："我们不想告诉用户哪些程序好，哪些不好，同时也不想通过排名打击程序开发者的积极性。"

这一做法初期导致了一些不满。用户已经习惯查看应用商店的排名和推荐，小程序无法通过搜索为最受欢迎的应用程序提供下拉菜单，因此让人觉得用起来很不方便。

尽管如此，排名确实有显著的缺陷。国内程序开发员和企业都擅长利用机器人流量以及虚假活动来提高某个应用程序的评分。而微信的上述做法，正是为了避免这一点。

在一次开发者研讨会上，张小龙阐述了他对小程序的愿景，提出了"用完即走"的理念。然而，这一提法引起了争议。初创公司和开发人员都提出了质疑，他们都重视用户留存率，不理解为何要基于一个无视该原则的平台开发产品。

因此，小程序在起步阶段发展较为缓慢。到2017年2月，国内媒体开始将小程序描述为"腾讯遭遇的滑铁卢"。调查表明，当月近70%的开发人员放弃了小程序平台。

于是，张小龙作出了妥协，开放小程序的搜索功能，但仍然严格限制机器人流量。最开始允许用户搜索，但必须输入全称。随后一周内，为自行车、电影和音乐等类目开放了关键词搜索功能，用户可以更容易找到想要的各种精简应用程序。更大的突破在于2017年2月底，用户可以通过微信扫描二维码，如共享单车摩拜的二维码，直接跳转到小程序。

小程序的成功，吸引了其最大的竞争对手支付宝在2020年初宣布开始投资开发自己的小程序系统，并将其提升为公司最重要的战略之一。 同样拥有10亿名用户的支付宝看到了微信新平台带来的威胁，3年前便开始复制微信的功能，然而在最初并没有显现出任何竞争力。

而与此同时，微信正蚕食支付宝的市场份额。支付宝一度占据中国移动支付的绝大部分江山，因为支付宝一直以来都是淘宝的首选支付方式。但到了2020年第三季度，支付宝的市场份额下降至54%。

通过削弱支付宝，腾讯有效地扰乱了阿里巴巴的策略，不但获取了阿里巴巴的用户，同时也获取了海量的数据。

小程序的快速发展凸显了微信成功的关键：渐进迭代和快速行动。一位微信员工告诉我说，微信团队大概每三天就会推出一次小改动，高峰时期甚至每两周就会推出一个升级版本。

在推出二维码扫描功能之后，微信的发展更加势不可当。和大多数微信用户一样，我发现微信非常方便，无处不在。人们可以在餐厅座位上扫描餐桌上的二维码，直接通过小程序点餐，用餐完毕后用微信钱包付款。用户还可以用同样的方式预订电影票、听音乐、打出租车、解锁路边的共享单车。人们没有必要在每一项活动中都使用一个单独的应用软件，一切都变得非常方便。

微信在服务的深度和全面性方面都远超脸书。我也深深体会到了微信如何基于我的社交关系将我长时间留在这个平台。

墙与鸡蛋

其实可以这样说，张小龙在产品设计理念上极具理想主义。他在一次演讲中讲道："微信的梦想是什么？正如我所说，从个人角度，它想成为人最好的一个工具朋友。"

在腾讯内部，员工们嘲讽脸书的商业模式过于原始。

"在拥有10亿用户之后，最不应该考虑的是如何向用户推销大量广告，"一位腾讯员工对我说，"而应该考虑如何确保用户满意，这样就不会让用户厌烦，从而放弃我们的产品。"

微信之所以能在国内竞争激烈的应用程序市场维持主导地位，其中一个原因是其一直不变的清爽界面。腾讯从不对用户进行广告和消息轰炸，张小龙更是坚持绝不改变微信的启动页面：一个孤单的背影，仰望着硕大的地球图像。

微信并没有利用该界面投放横幅广告，而是一直维护着其神圣不可侵犯的页面。

"每当看到微信的启动页面，你可能都会有一个想法：这个人到底在干什么？他为什么要站在地球的前面？"张小龙在一次演讲中说，"这样一来，10亿用户会有10亿个不同的理解，他们会从中找到打动自己的东西。"

他作过这样一个比喻，如果微信的商业利益夹在墙和鸡蛋之间，那么微信总是站在鸡蛋一边。他说："如果你做大了，微信会限制你；如果你刚起步，微信会扶持你。"

张小龙和其团队并不急于将产品变现，这一点也让他感到特别自豪。2021年1月，张小龙承诺，微信禁止工作人员未经许可查看用户的聊天记录，这在一定程度上化解了用户有关隐私问题的担忧。他表示，如果公司员工违反了这一规定就会被开除。

在2021年1月19日的微信公开课大会上，张小龙说："我们不会保存聊天记录，用户的聊天记录只在云端上临时保存3天，如果要分析这些聊天记录，可以给公司带来非常大的广告收入，但我们并没有这样做。"

在设计方面，张小龙遵循一组简单的规则：

1. 有创意、创新的东西。

2. 有用的。

3. 优美的。

4. 易于使用的。

5. 含蓄不张扬的。

6. 诚实的。

7. 经久不衰，不会被忘记的。

8. 不会放过任何细节。

9. 环保的，不浪费太多资源。

10. 尽可能提升设计，少即是多。

张小龙曾公开在演讲中表示："对我而言，我特别庆幸，也觉得特别幸福。作为一个产品经理，能带领团队做出一款拥有10亿用户的产品，当然会有很大的成就感。但是，我觉得更幸运的是，我可以在过程中，将自己对这个世界的认知，体现在产品中，并成为产品的价值观。这是更难得的事情。"

张小龙对简单的追求源于一种执着的个性。工程师出身的他一度赢得阿尔弗雷德·登喜路林克斯高尔夫锦标赛（Alfred Dunhill Links Championship in golf）冠军，在中国社交媒体上引起轰动。他说："我觉得高尔夫的挑战太多了，人们不断地挑战自己的弱点，这是一个很大的乐趣。"

张小龙还有过别的令人惊讶的举动。在2018年1月的微信公开课大会上，张小龙展示了一款小游戏，从而这款游戏一炮走红。微信当时正意图进军小程序的游戏领域，利用腾讯在移动娱乐方面的传统优势推动自身创新。微信新发布的这款名叫《跳一跳》的小游戏一夜之间风靡全国，日活跃用户达到1亿名之多（其中也包括我自己）。玩家通过按压手机屏幕控制远近，从一个方块跳到另一个方块，尽量不掉下来，跳到中间便有额外加分。如果两个方块之间的间隙很宽，则需要长时间按压屏幕再释放，以便跳得更远。这款小游戏真正让我上瘾的是，我可以看见自己和微信联系人的分数。我在这个游戏上花了几个小时，最好的成绩是306分，虽然只是中等水平，但已经足以让我截屏炫耀一下。

那一次，数千人聚集在广州保利世贸博览馆，目光聚焦在正在播放比赛的大屏幕上。起初，人们还以为只是在播放一段游戏视频，然而随着玩家分数逐渐增加——超过了400分，大家开始专注观看并为玩家加油。当分数超过800分时，观众一片哗然。比赛结束时，分数为967分，全场爆发出热烈的掌声。

张小龙从后台走了出来。

他略带腼腆地说："这不是我最好的成绩，我曾经的历史最高纪录达到了6000多分。"他还补充道，整个过程都是为了向观众证明他没有利用软件程序作弊。

张小龙性情古怪，因此人称中国科技界最孤独的高管之一。他特立独行的性格，也让他在业界赢得了狂热的追随者。在小程序的加持下，微信更加如鱼得水，成功嵌入餐厅、便利店和酒店等线下实体企业。这些企业如今都利用微信小程序管理会员、业务，甚至是自己的库存。

营收压力

不过，在腾讯内部，张小龙面临着越来越大的压力。尽管微信的影响力与日俱增，却并未为腾讯带来什么收入，多年来反倒消耗掉公司的大量补贴。截至2014年，腾讯的社交媒体广告收入仅占公司总收入的10%，而当时微信用户已达到4亿人。那时公司一半以上的收入都来自游戏，而且主要是PC端。

腾讯员工向我透露，腾讯高管希望微信可以通过广告赚取更多收入，但近乎理想主义的微信缔造者张小龙一直表示拒绝。对此，腾讯游戏部门的员工常常感觉是自己背负着所有的营收重担，而微信部门收入不多，却尽享众人瞩目。

张小龙一直反对在微信投放广告，最终在2015年作出了让步，开始每天向用户投放一条广告。

在微信最为关键的时刻，马化腾坚持自己的直觉，支持张小龙的看法：在线广告不是唯一的出路。微信的发展愿景远不止成为广告发布平台，而是可能成为终极连接器，整合送餐、打车、购买商品（比如非处方药和日用品），从而将人与人之间、人与服务之间建立联系。

致力于连接线上和线下世界也是腾讯过去10年的发展战略。可想而知，未来，腾讯仍然会继续秉持这一战略。

在过去，尽管腾讯的大部分收入来自游戏，但公司一直都在拓展和扩大收入来源，其中包括云技术和企业服务。比如，企业微信为会员企业提供人力资源管理工具。

当前，微信已经远不止是一款类似瓦次普的应用，而是日趋稳步成为一个巨大的在线集市。截至2020年底，微信涉及的商品、游戏以及打车和送餐等服务业务价值达2400亿美元。微信成为腾讯面向中国消费者不可思议的巨大窗口和巨大平台，通过它，腾讯可以开展销售、营销服务，可以吸引和联系用户以及实现与用户的在线互动。总之，微信已经成为腾讯稳步跻身全球互联网行业前列的代名词。

在将微信打造成连接器的过程中，腾讯还必须确保人们首先有足够的理由打开这个应用程序，而实现这一目标的途径之一便是美团订餐。但同时，马化腾和马云都预见到，打车服务也是企业成功的关键。如今，打车服务，包括出租车、专车以及拼车是一项高频业务。平均每个用户每天至少会使用两次打车服务，这是留存用户的完美方式。

这一次，阿里巴巴和腾讯都看到了网约车自身发展以及助力移动支付业务发展的潜力，而且两位企业领导人都采用了相同的策略，即投资其认为能够助力其数字钱包生态系统的企业。

然而，接下来的战争将以各自数十亿美元的损失而告终，中国最大的两家网约车巨头在数百名竞争者中脱颖而出，最后合并为一个单一实体，最终将优步逐出了中国。

chapter

第八章

网约车大战

8

拼车就是拼命

2013年，腾讯的投资并购部总经理彭志坚有意投资滴滴，他设法找到滴滴创始人程维，经过好几个月的努力，终于得以与程维会面。程维长着一张圆脸，谈吐温和，面对腾讯的投资意向，他显得犹豫不决。

彭志坚知道程维曾在腾讯的死对头阿里巴巴工作过，于是将年轻的程维请到办公室，开始了闭门长谈。他说："程先生，首先，我知道您不想要我们的投资，但我对这项投资势在必得。"

当时，网约车已经成为一种时尚。而在网约车出现之前，大城市的通勤简直犹如一场噩梦，打车上下班的人们要面临交通拥堵、夏日炎炎、冬日严寒和空气污染的折磨，在上下班高峰时段，基本上是一车难求。北京更是如此，非法出租车屡见不鲜，在火车站和公交车站等交通要塞随处停泊着。然而，由于乘坐非法出租车无法追踪其行程记录，急于打车的乘客往往面临人身和财产危险。

拼车软件的出现改变了这一切，而让人们了解这个软件的契机是冬天里北京的一场暴风雪。以前，在繁忙的假期里，人们很难打到出租车，但几乎就在一夜之间，数百家网约车公司蜂拥而至，五彩缤纷的打车小程序映入眼帘，成为人们智能手机屏幕上的一道亮丽风景，也开启了一场现代科技的战役。

就在这年，谷歌投资（Google Ventures）向优步投资了2.58亿美元，这是有史以来最大的一笔交易。而在中国，滴滴成了优步最有力的竞争者。

如今回头看，腾讯对滴滴的投资是除其核心游戏业务之外最重要的投资之一，而微信对于腾讯与滴滴的结盟功不可没。此次结盟让腾讯得以彻底颠覆金融支付行业，为打破当时支付宝的市场主导地位奠定了基础。毕竟，阿里巴巴的马云所拥有的支付宝在当时控制着中国90%的在线支付市场。

腾讯一直以顽强抗争、击败对手而著称。此次，腾讯以网约车为战场，与阿里巴巴展开了较量，并最终通过与竞争对手结盟，取得了胜利。要讲述这场史诗般的战斗，我们需要追溯青年企业家程维的成长历程。

"说来话长，这个过程十分曲折。"程维在他可以看到北京西山的办公室里这样说。

足部按摩店

程维于1983年5月出生于江西上饶。我第一次见到程维时，他已经是国内网约车行业的头号人物，长着一副天真无邪的面孔，戴着眼镜，让他即便身处凌晨2点的电玩吧里也毫无违和感。

程维的父亲是公务员，母亲是一所大学的副教授。他说自己虽然在高中时期数学成绩很好，但在一生中最重要的考试高考中考砸了。中国每年有大约1000万人参加高考，却只有2/3的考生能进入大学。由于他忘记做数学考试的最后一页，最擅长的数学这一科目只得了72分，当时数学满分是150分。

但母亲没有责怪儿子的意思。程维回忆道，当时母亲只是愣了一下，就立刻说："别担心。我们回家吃饭吧，你下午还有化学考试呢。"

程维其他科目发挥得不错，最终以超出重点线50分的成绩考入北京化工大学。对于高考竞争激烈的江西学生而言，这已经算相当了不起的成绩了。

　　对于这个结果，程维没有选择复读，他欣然到北京化工大学信息技术专业报到，却被调剂到了行政管理专业。对此，程维说："谁会让一个年轻的毕业生去做管理呢？因此，毕业之初我从事过很多不同的工作。"

　　程维毕业后当过导游，卖过保险，做保险期间半年内一份保单也没卖出去。他想到求助自己的老师，就跑去问："您支持我做这么有难度的工作吗？"

　　老师回答说："当然支持。"但面对程维推销的保险产品时，老师推辞说连自己的狗都已经投保了。

　　在一次招聘会上，程维成功应聘为一家号称"中国知名保健品公司"的经理助理。他提着行李到上海后，却发现这实际上是一家连锁的足部按摩店。

　　"这就是滴滴很少做广告的原因，因为我认为广告都是骗局。"

　　程维在这家全国连锁店待了几个月，刚到的时候，提着行李站了大约有一分钟，想着自己应该带着行李回北京告诉别人我被骗了，最后还是硬着头皮进去了。

　　直到今天，程维都不喜欢足部按摩。

美团铁军

也就在那个时候，程维开始认真思考自己的未来。有一天，他猛然想到了答案——互联网。

程维主动来到阿里巴巴的上海办公楼，告诉前台人员自己想要求职。他找到一份销售工作，月薪1500元。程维说："我非常感谢阿里巴巴，因为当时他们接待了我，而没有把我赶走，还说：'像你这样的年轻人就是我们想要的。'"

尽管程维先前从事保险行业并不顺利，但他非常擅长向客户销售在线广告。在接下来的8年里，他在阿里巴巴最厉害的销售团队工作，这个团队被称为"中供铁军"，意为中国供应商直销团队。"中供铁军"以骁勇善战著称，是阿里巴巴前期吸引商家入驻的功臣。程维在"中供铁军"工作的经历，为滴滴的成功奠定了基础，因为滴滴当时面临的一个首要挑战便是说服不情愿的出租车司机与其签约。程维的直属上司是公司高管王刚，王刚性情直率，他说第一次见到程维时，就对他的销售业绩印象深刻，但程维真正的强项是在公司组织的客户活动及年会中做主持。

2011年，王刚和下属开始思考自己创业，而在众多下属中就有程维。王刚最初加入了阿里巴巴的支付宝商户事业部，后来一路做到阿里巴巴副总裁。尽管支付宝当时还处于高速发展阶段，王刚却已经觉察到支付宝业务即将面临四面楚歌。从阿里巴巴出来以后，一众人思考过从事教育培训、餐厅点评甚至室内装饰等等。

滴滴出行

2012 年初，王刚和程维留意到一款名为"陌陌"的应用程序，可以让人们通过在线地图查看其他用户的位置。王刚说，这种基于地理位置认识附近的人的创意引发了他们对开发智能手机定位功能的思考。

两个人还留意到一家国外网约车初创企业正迅速筹集资金并计划发展全球市场。这家企业不是优步，而是一家名叫Hailo的公司，其总部位于英国，该公司经营合法网约出租车。在伦敦，黑色的城市出租车是整座城市的名片，出租车驾驶员均持有合法执照，Hailo选择与该类出租车合作。

研究过Hailo的模式后，程维判断可以在中国复制其模式，中国有200万辆合法出租车，市场前景巨大。而王刚成为他的主要投资人，他在阿里巴巴赚到了4000万元，投了80万元给程维。

程维在苹果专卖店对面的一家咖啡馆里静坐良久，寻思一个和苹果一样令人印象深刻的名字，最终他将新公司命名为北京小桔科技有限公司，将打车应用程序命名为"滴滴打车"（后改为"滴滴出行"）。

程维和几位同事最初将公司选址在北京四环北部附近的一个100平方米的破旧仓库中。由于其位置靠近几所顶尖大学，他们更容易挖到优秀人才。团队里互相称呼同学，就像他们在阿里巴巴一样。他们孜孜不倦地工作，创造性地思考解决方案，程维在公司里被称为"老大"。

但在公司创立的最初几个月，他们就面临来自数十家同类企业的竞争。程维说："我们进军打车领域时，面临着来自大约30家公司的竞争。这些公司或者模式和我们有所不同，或者实力比我们强大许多。"

程维派遣公司的前十名员工中的两位前往深圳开展业务。他说："最开始我们需要很大的勇气。这就是为什么早期创始团队最喜欢的歌曲是《夜空中最亮的星》，这是一段漫长而又黑暗的旅程，但最亮的星会指引我们前进的道路。（这段旅程）看不到商业运营模式，看不到实现合法化的途径，也看不到竞争的终点。"

后来的事实证明，与许多竞争对手相比，滴滴拥有几大优势。一些企业复制了优步在美国的最初战略，试图招募奥迪A3和林肯城市专车司机。但由于与普通出租车相比，高档出租车数量少得多，这种模式并没有取得预期的效果。而程维和同事沿用了他们在阿里巴巴锻炼出来的工作斗志和工作模式。

程维从一开始就非常重视融资。在公司实际推出产品之前，程维就已经开始接触投资人，却四处碰壁，遭到了20多家公司的拒绝。每个人都说"你很棒"，然后就没有后续了。

于是，滴滴改变了策略，它的竞争对手"摇摇招车"获得了来自硅谷的红杉资本的投资，进而获得了与北京机场出租车司机的独家合作权。于是，滴滴开始转战北京市最大的火车站，推广其打车应用程序。滴滴的启动资金只有80万元，因此不得不自己包揽所有事情，甚至需要员工亲自帮助司机安装应用程序。

这样一来，滴滴团队员工在火车站逗留，在司机等候顾客的间隙，便伺机与司机攀谈，也就能获取到很多有用的信息。

程维说："司机等候乘客的时间间隙不会有一两个小时那么久，通常只有大约15分钟。我们的员工在车外跟着司机沿着马路前行，这相对来说非常危险，也非常艰难。"

付出终有收获，就在那年冬季，滴滴成功招募到大约1万名司机，这意味着滴滴成功获取了北京大多数拥有智能手机的司机。

程维说："最重要的是要把自己逼到绝境，然后上帝便会为你打开一扇窗。所以直至今日，我们都认为金钱只是资源的一个要素，并且从来都不是最重要的，总会有人比你有钱。最重要的是要坚持。"

滴滴并没有向司机赠送智能手机，因为这对资金短缺的初创企业来说是一个奢望，所以他们重点关注拥有智能手机的年轻司机群体，为他们提供免费打车程序，这些年轻司机就有可能为滴滴传播其公司信息。

随后，滴滴需要等待的就是一个悄然降临的机会了。

暴风雪的祝福

　　2012年末，北京遭遇了一场巨大的暴风雪。由于在暴风雪天气下很难打到出租车，人们开始使用滴滴，那时滴滴一天的订单量首次超过了1000单。程维回忆道："如果没有那年的暴风雪，或许就没有今天的滴滴。"

　　暴风雪还给滴滴带来了新的机遇。一开始滴滴并没有盈利，因为尽管乘客使用滴滴打车软件打车，却仍以现金形式支付打车费用，这样一来滴滴便无法赚取佣金。然而，程维坚信，只要拥有了一定的客户群体，找到盈利模式是迟早的事情，阿里巴巴也是遵循了同样的发展路径。

　　不过，这一次滴滴融资的愿望还是在一点一点破灭。直到暴风雪之后，位于北京的金沙江创投的合伙人朱啸虎听闻了这家新公司，通过微博联系到了程维。

　　朱啸虎回忆说，在早期的筹资会议上，程维因紧张和压力一直满脸通红。最终，尽管金沙江创投投资200万美元，但对滴滴的估值仅为区区1000万美元。

程维说："在第一场暴风雪过后，我们找到了第一个投资人。但从那时我就知道投资者不会雪中送炭，只会锦上添花。"

紧接着，坏消息再次传来：阿里巴巴投资了滴滴的竞争对手快的打车。程维非常清楚，国内初创公司能否取得成功取决于与两大巨头——阿里巴巴和腾讯的关联程度。于是，程维再次联系了腾讯的投资并购部总经理彭志坚。

艰难起步

　　事情进行到这个地步，尽管彭志坚已有意向投资滴滴，但仍然想考察一下程维。因此，在与程维的会面过程中，他通过两个关键问题对程维进行了压力测试。首先，他质疑了程维关于打车软件重要性的假设。程维回应说："你错了。"并告诉他，提高打车和共享汽车的效率才是未来趋势。程维做了一个数学计算：假设乘车市场每年有300亿单订单，即便每单定价仅为1元，这也是一个300亿元的市场。

　　彭志坚说："程维是从全局视角来看待这个行业的。他逻辑严谨、有条不紊，是一位有大局观的思想家。同样，他也毫不犹豫地指出了我的错误，让我印象深刻。"

　　他还喜欢程维的奋斗故事，这触及了他内心柔软的地方。他和程维来自同一个省份。彭志坚父母都是农民，家中有9个孩子，他说话时仍带有一丝江西口音。 他当年就放弃就读职业学校，毕业后尽早赚钱的机会，选择了上高中。邻居们依然记得，为了这个事情，彭志坚一度和父母激烈争论，最终彭志坚说服了他的父亲："我长这么大，你一直告诉我要成为一个被人记住的人，做大事，这就是我现在想要做的事情。"

彭志坚自此走上了一条在当时看来正常的学术和职业生涯，成功考入了清华大学。在这所学校，他从阿尔文·托夫勒（Alvin Toffler）以及商业偶像阿曼德·哈默（Armand Hammer）和李·艾柯卡（Lee Iacocca）的著作中获得了灵感。

他早期的经历和一些创业者有几分相似，修理过自行车，还做过建筑工人。

他最早在上海证券交易所工作。2001年，他放弃了这份称心的工作，前往宾夕法尼亚大学沃顿商学院深造。获得MBA学位后，彭志坚加入了三星集团，后于2005年离职，随后成为谷歌首位中国本土员工。而就在那时，他引起了腾讯公司总裁刘炽平的注意。2008年，他从谷歌跳槽到腾讯，当时腾讯的市值仅为谷歌的1/16。

彭志坚是腾讯的投资并购部总经理，促成过大量交易。他要求公司在延长要约的同一天签署期限表，以避免价格操纵。

彭志坚问程维的第二个问题是：做好这个行业的关键在哪里？在竞争高峰期滴滴有大约200家竞争企业，彭志坚与其中大多数CEO打过交道，他们都对如何扩大司机数量或者如何扩大营销规模侃侃而谈。然而，令彭志坚惊讶的是，尽管程维自己一生中从未写过一行代码，却回答说在2013年获胜的关键是算法。

彭志坚认为程维已经找到了自己的竞争优势，于是对滴滴给出6000万美元的估值，比滴滴当时寻求的估值高出50%，以确保滴滴不会接受其他方面的投资。

七天七夜

　　滴滴和快的分别接受了国内互联网巨头腾讯和阿里巴巴的投资，于是双方很快将对方列为重要竞争对手。滴滴和快的之间爆发了持续一周的技术大战，人称"七天七夜"。在这一周时间里，滴滴和快的争相推出新的技术和服务，吸引司机和乘客在滴滴和快的之间不停地切换。

　　滴滴员工在狭小的办公室长时间工作，拼命解决各种问题。有一位员工在孩子出生之前都没能与妻子见上一面；还有一位员工由于长时间工作，一直没有取隐形眼镜，最后不得不通过手术摘除。

　　滴滴早期员工李海茹说："我们很疯狂，工作的热情让我们忘记了劳累。"

　　多亏了2013年那次程维与彭志坚的会面，让滴滴握住了一张王牌。在滴滴、快的补贴大战中，程维向腾讯求助，腾讯爽快地提供了50名工程师和1000台服务器，并让滴滴团队搬到腾讯的临时办公室工作。

但腾讯的支持无法支撑滴滴和快的烧钱大战，滴滴仍然没有盈利，还需筹集更多的资金。国内投资者不愿投入更多资金，于是程维不得不远赴美国。他说："我们前期花费了很多钱，投资者们都十分惊讶。"

程维于2013年感恩节到达纽约，由于当时北京还不冷，他只穿了一件衬衫，但美国下着雪。程维与投资者的会面很仓促，准备也并不充分。他一共见了四位投资者，其中三位明确拒绝投资，其中一位答应投资，但也只是帮助他暂时脱离困境。

程维本应当晚飞往旧金山。他在纽约通过优步叫了一辆车，却因为下雪错过了四架航班。最终他抵达旧金山时，已是午夜过后。

微信红包

2014年初，在农历新年期间，一切都发生了变化。腾讯成功发起了红包活动，允许微信用户使用智能手机向朋友和家人发送小额度金钱。活动取得了巨大成功，腾讯由此顿悟：移动支付才是未来。

自此，腾讯更加坚定了全力支持滴滴的决心。腾讯和滴滴想了诸多办法鼓励司机通过微信使用滴滴。一方面，微信将滴滴放在登录首页，以吸引其庞大的用户群使用滴滴打车应用程序。另一方面，作为回报，滴滴采用了当时刚刚起步的微信支付系统，试图改变司机只收现金的传统习惯。李海茹说："这在现在看来自然而然，但在当时举步维艰。"

滴滴自行推出了部分设计功能，以解决乘客微信支付失败的问题。另外，以前司机需要24小时后才能收到款项，经过滴滴和腾讯的共同努力，司机可以在结束行程后两小时内收到打车费。滴滴和腾讯采用垫付的方式支付司机打车费，并与银行建立了一套清算系统。

除了滴滴自行对用户进行补贴，腾讯也对使用微信支付的乘客给予每单10元的优惠。这个决定让程维欣喜若狂，他很有信心地预测："人们很快就开始说：'你打车怎么不用微信支付呢？'"

阿里巴巴很快采取了反击措施，包括注资快的以及将支付宝整合到快的应用之下。2014年头几个月，阿里巴巴和腾讯总共花费了约20亿元，分别向各自投资的快的用户和滴滴用户提供折扣和补贴，客流量也由此飙升。

李海茹回忆，那几个月每天在半夜查看订单。300万单！310万单……她在办公室对着同事兴奋地大喊大叫。

睡眠两小时

当时还没有先进的云计算技术，一切都必须通过Excel（电子表格）手动统计。李海茹经常在办公室工作到凌晨2点才回家，回家之后又通过微信和电子邮件工作到凌晨5点，然后只睡2个小时就又出门了。

滴滴早期是一家小型创业公司，只有大约100名员工，员工收入并不高。李海茹住在北京郊区，离办公室很远的地方。讽刺的是，为了省钱，李海茹每天都乘坐公共交通工具出门，而不是打车。

这种压力也给员工婚姻带来了危机，包括李海茹的婚姻。在她儿子上三年级时，学校要求家长接送孩子。李海茹家里一般是由保姆负责接送小孩，偶尔会轮到她去，但每次她都会忘记。在北京严寒的冬天，儿子在学校没有暖气的等候室里一等就是几个小时。儿子给她打电话，她说会叫孩子爸爸去接，但是挂断电话之后便很快将这个事情忘在脑后。李海茹说："多次发生这种情况之后，丈夫对我很生气，但当时滴滴用户正处于爆炸式增长阶段，我们必须坚持下去，否则我

155

们所有的努力都会付诸东流。"

2014 年，程维作出了他最重要的决定之一——同意中国第一代科技大亨、联想创始人柳传志的女儿柳青加入滴滴。柳青毕业于哈佛大学计算机专业，毕业后在高盛集团任职，而后担任高盛亚洲区域总经理。

事实上，柳青曾尝试投资程维。我们在香港的第一次会面时，她告诉我说："一年前我想投资滴滴，但没有成功。"当时，柳青已经是三个孩子的母亲。

她于2014年再次尝试投资滴滴，但又一次失败。那年6月19日，柳青见到程维时，被告知："你来不及了。"于是，柳青说："好吧，既然你不让我投资，那么让我为你工作如何？"程维欣然同意。

西藏行

　　他们在2014年6月22日安排了一次午餐聚会，三天后，柳青正式加入滴滴。 她做的第一件事是和其他9名滴滴成员一起去西藏。柳青说："在浩瀚的苍穹下，我们坐在一起，畅谈人生和理想。要活出怎样的人生？我们都非常理想主义且充满激情。"

　　而事实上，这次旅行本身也充满了不确定性。由于准备严重不足，十人行程安排不当，错过了最近的村庄，又在小道上迷了路。他们驱车在山里寻找住所和厕所，结果大家还被当地农民饲养的狗追赶。不过，这次生死与共的经历也达到了旅行的目的。

　　柳青说："我们在山上结下了不解之缘。"她原本每天7点起床，慢跑后做45分钟的瑜伽，而刚加入滴滴时通常每天只睡4个小时。

　　柳青和程维经常并肩工作到午夜。程维有时会说："嘿，我们来听听《小苹果》怎么样？"这是筷子兄弟2015年的一首中文歌曲，风靡全国。程维有时也爱开玩笑，而且还能双腿盘莲花展示给同事看。

　　柳青之所以如此坚定地加入滴滴，部分原因是她深深体会过交通不便带来的痛苦。一次，她和程维去见一位重要人物。她说："这种情况我们绝对不能迟到。"但两个人遇到了北京的大堵车，他们跳下车，走了1公里多，冲进地铁，然后叫了一辆摩的，这种临时应急车辆在很多城市是不合规的。

柳青回忆说："那天我发着烧，路上折腾完后，我的妆都花了，感觉就像我刚打完一场拳击比赛或者刚健完身一样。不管你是谁，国内的交通状况都能让你焦头烂额。"

创业斗士

柳青给滴滴带来的是全球视野。她引入了轮岗计划，帮助总经理了解每个团队的工作方式。更重要的是，她迫不及待地开展了她最重要的任务——融资。

用滴滴的竞争对手快的创始人吕传伟的话来说："我很惊讶柳青能够如此高效地筹集到资金，她几乎把街上所有的钱都捞了起来。"

事实上，融资战已经变得异常激烈，以致投资者们开始担心这场烧钱战争最终会以失败告终，尤其是有小道消息称优步正在评估进入中国市场。这些投资者大都是在美国养老金和捐赠基金支持下的全球投资公司，包括老虎环球管理公司（Tiger Global Management）和俄罗斯亿万富翁尤里·米尔纳的数码天空科技。

从股本回报率的角度来看，倾倒资本、发放补贴以赢得规模和建立防御的投资模式不再有意义，因为竞争阻止了业务的货币化。为了维系用户，两大阵营中的一方必然要先下手为强，从用户端赚取更多资金。

或者就只有合并这一条出路，双方最终转而求助于资深银行家包凡来促成这笔合并交易。

与处理美团点评交易时一样，包凡以独家中间人的身份从滴滴和快的中收取费用。

"关键在于克服自我，这些家伙简直是创业领域的角斗士，他们从不回避战斗。"包凡斜倚在精品投资银行北京总部的高背皮革扶手椅上，"但他们在互相残杀。我希望他们缔造和平，而不是战争。"

包凡给双方团队一个特别代号。在2013年的一部电影中，一级方程式赛车的一对竞争对手詹姆斯·亨特（James Hunt）和尼基·劳达（Niki Lauda）最终在相互尊重的基础上建立了友谊。包凡将他的合并策略命名为"极速并购"。吕传伟的"快的"就是劳达，程维的"滴滴"就是亨特。互联网巨头阿里巴巴和腾讯的强大股东则分别是法拉利和迈凯伦。包凡说："保密工作做得很好。"

包凡开始了他的游说，他说如果通过不停融资维持竞争，两家创始人的股权都会被不断稀释，滴滴和快的创始人都听取了他的建议。2015年2月14日情人节那天，两家公司同意了包凡的合并计划，达成了国内最大的一笔互联网企业合并。

由于滴滴体量大于快的，最终滴滴控制了合并后公司60%的股份。程维坚持将控股作为交易条件，同意在其应用程序中加入支付宝，然而微信已经给支付宝带来了重创。

在滴滴引入微信支付之前，支付宝占据了90%以上的在线支付市场份额。多亏了滴滴，微信支付才在移动支付领域取得了突破，市场份额逐渐达到了一半之多。

优步入侵

当时，还有另一个理由使程维同意这次合并，那就是优步准备进军中国的消息已经传开。

因此，当地企业需要积聚力量，为更大的战斗做准备。

2013年底，优步首席执行官特拉维斯·卡兰尼克（Travis Kalanick）带领优步高管团队前往中国考察潜在合作伙伴和竞争对手。他们参观了滴滴的办公室。程维率先发话，对卡兰尼克说："你是我的灵感来源。"

之后气氛变得紧张了起来。时任优步高级业务副总裁的埃米尔·迈克尔（Emil Michael）表示，这可能是一场心理战："滴滴为我们提供的午餐可能是我吃过的最难吃的一顿，我们都在戳自己的食物，想知道这是不是某种竞争策略。"（当然，事实并非如此，滴滴总裁柳青后来为食物问题向迈克尔道歉。）

双方会谈期间，程维走到一块白板前，绘制了两条曲线。优步的曲线从2010年开始，向右急剧上升，显示了其快速增长的乘车量。而滴滴的曲线从两年后的2012年才起步，但上升趋势更迅速，最终与优步的曲线相交。程维说，滴滴总有一天会超过优步，因为中国市场更庞大，许多城市出于流量控制和环保目的还限制使用和购买私家车。

程维回忆道："当时卡兰尼克只是微微一笑。"之后卡兰尼克提出投资滴滴，但要求持有滴滴40%的股份。在被问及是否考虑过这个提议时，程维回答道："我为什么要接受呢？"

优步高管对此印象深刻，迈克尔说："卡兰尼克告诉我，在所有拼车公司创始人中，程维最为特别，他比业内其他任何同行都高出一筹。"

那么，优步和滴滴只能通过市场来解决问题。到2015年初，优步似乎已经拥有了难以超越的竞争优势，有更好的应用程序以及更稳定的技术支持。投资者对优步估值为420亿美元，相当于对滴滴估值的10倍。就在滴滴专注于与快的合并事宜时，优步迎头赶上来，在几个月时间内占据了中国近1/3的私家车打车市场份额。

程维说："当时我们感觉自己就像当年的志愿军，我们只有小米加步枪，要应对敌人飞机的轰炸，他们的武器很先进。"

狼图腾

程维热衷军事史，尤其关注第二次世界大战期间的松山会战等英雄事件。滴滴高层员工每天举行例行早会，程维称之为"狼图腾"。这个名字取材于20世纪60年代一部流行小说，有积极进取之意。在"狼图腾"会议上，众人探讨滴滴每天的业绩，调整对司机和骑手的补贴金额。程维会不时警告员工："如果我们失败了，就会一无所有。"

2015年5月，程维继续投入补贴大战，滴滴承诺向网约车用户补贴10亿元，优步也不甘示弱。[①] 而滴滴采取的策略是设法在美国本土与优步展开较量。在滴滴看来，优步就犹如一只章鱼，尽管触角遍布世界各地，本体仍然在美国。作为滴滴的早期投资者及前董事会成员，王刚在一次会议上建议滴滴应当"直接刺入优步的腹部"。

王刚一方面建议滴滴进军美国，一方面于2015年9月向优步在美国

---

① 高额的补贴甚至催生了一个小型产业，有人通过帮助司机使用经过改装的智能手机和软件虚假接单，骗取滴滴的补贴。

的竞争对手Lyft投资1亿美元。王刚称，这样做的目的与其说是要削弱优步，不如说是为了获得同优步谈判的筹码。他说："他们抓我们的头发，我们揪住他们的胡子，但我们的目的都不是为了杀死对方，双方都只是想赢得未来的谈判权。"

在补贴大战最为激烈的时期，滴滴和优步每年都会烧掉超过10亿美元资金，用于向司机和乘客发放补贴，而滴滴和优步从中没有得到任何利润。两家公司都迫切需要新的资金。苹果公司于2016年5月向滴滴投资10亿美元。一个月之后，优步从沙特阿拉伯公共投资基金（Public Investment Fund）筹集到35亿美元。这也向双方传达了十分明确的信息：他们将不得不在很长一段时间内继续这场赔钱大战。

程维说，迈克尔认为，双方最初的和平倡议是优步提出来的。沙特阿拉伯公共投资基金对优步的注资迫使滴滴坐到谈判桌前，因为来自沙特阿拉伯的投资意味着优步有了用不尽的资金。无论如何，双方都认为是时候停止这场流血战争，并开始专注业务。程维说："这就像一场军备竞赛，优步在筹款，我们也在筹款。但我自己知道我们的钱需要投入更有价值的领域。这就是我们最终能够与优步携手的原因。"

迈克尔和柳青在两周内敲定了交易条款，然后在北京的一家酒店的酒吧与卡兰尼克和程维一起见面，双方举杯共饮白酒，洽谈合作事宜。席间双方表达了对彼此的尊重以及对双方竞争激烈的钦佩。程维说："我们是我们这个时代最疯狂的企业，但在内心深处，我们都认为自己是对的。我们都知道这实际上是一场技术革命，而这场革命才刚刚开始。"

最终，优步同意退出中国市场，将其在中国的业务出售给滴滴，以换取滴滴的股权。众人一致认为是滴滴击败了优步，就像之前的阿里巴巴和腾讯一样，滴滴击败了资金更为雄厚的美国竞争对手，正式加入了中国企业精英俱乐部。事实上，将优步赶出中国只是滴滴艰难求生的一个里程碑。更具里程碑意义的是滴滴成功培养了中国用户的移动支付（尤其是微信支付）习惯，为中国互联网巨头未来在金融科技领域的创新奠定了坚实的基础。

　　滴滴大获全胜的最终受益者实际上是腾讯。滴滴成为中国最受欢迎的网约车应用程序，而腾讯持有其大量股份，还通过滴滴提升了微信支付的市场份额。此次事件最终证明了腾讯充当造王者和投资者的战略行之有效，也吸引了更多初创企业与腾讯合作，并接受腾讯的投资。

chapter

第九章

征战游戏

9

开　端

2020年10月，6000多人挤在上海梅赛德斯-奔驰文化中心内，尖叫声不绝于耳。流行乐歌手刘柏辛与《英雄联盟》虚拟女子组合K/DA同台演唱了K/DA最新热门单曲，这个组合成员则包括游戏《英雄联盟》主题版本的五大角色：阿狸、阿卡丽、伊芙琳、卡莎、萨勒芬妮。

16名身形单薄、大部分戴着眼镜的年轻选手走上电子擂台，战斗正式拉开帷幕。约4500万名观众在线同步观看这场比赛，人数堪比2020年NBA总决赛6场比赛电视观众人数的总和。而这么多人齐聚一堂，只为观看由腾讯主办的"2020英雄联盟全球总决赛（S10）"。

这次赛事也将竞技游戏和竞赛组织方腾讯推向了顶点。

游戏早已经成为世界一大产业，2021年，游戏产业创造的收入达1760亿美元，几乎是电影票房的5倍。游戏市场研究及数据分析机构Newzoo估计，全球数码终端游戏玩家共计有29亿人，占全球人口总数的1/3。

中国对全球游戏业的贡献是巨大的。早在2017年，中国就已经超过美国，成为全球最大的游戏市场。新冠疫情的暴发更加速了这一趋势，疫情封控导致游戏用户数量激增。中国游戏出版工作委员会统计数据显示，手机游戏尤其受欢迎，于2020年上半年创造了超过75%的国内游戏收入。

腾讯是国内游戏行业的龙头，旗下有《王者荣耀》《使命召唤》手机版和《和平精英》等游戏，还投资了不少全球大型游戏开发团队，其开发的游戏有《堡垒之夜》《英雄联盟》《魔兽世界》《部落冲突》等。虽然腾讯早已实现了业务多元化，其业务涉及社交媒体、娱乐和云计算等，然而公司1/3的收入仍靠游戏贡献。

腾讯能成为如今的游戏业巨头，经过了漫长的努力。最初，腾讯在游戏领域的表现并不理想，第一次进军游戏行业即遭遇失败，当时涉足的是桌面游戏领域。几年后，大约在2004年，腾讯开始第二次尝试进军游戏领域。这一次，他们自主研发的棋牌游戏获得了成功，之后又开始试水游戏代理，专设了部门负责该业务。

腾讯代理的第一款游戏是韩国Imazic游戏公司开发的《凯旋》（Turf Battles）。《凯旋》当时在韩国风生水起，是一款多人在线角色扮演游戏，采用世界领先的3D引擎虚拟引擎2（UNREAL 2）技术创造出精致的3D世界，其真实和华丽程度令人惊异。腾讯对这款游戏倾注了极大的希望，打算用它维持3年的市场领先地位。

但事与愿违，由于《凯旋》对电脑配置及网络宽带的要求相当高，所以尽管腾讯的技术团队对底层程序和服务器进行了多次优化，但仍然无法保证游戏的流畅性。关键时刻，杰出人才任宇昕的出现让事情出现了转机。2004年，马化腾将时任增值开发部经理的任宇昕叫到办公室，希望他能带队增值业务和游戏业务两个模块中的其中一个，而任宇昕毫不犹豫地选择了游戏。

任宇昕从小就坚信编程和游戏是自己人生的宿命。他一直引以为豪的事情就是中学时自己编写过一款飞行射击游戏软件，投稿后还获得了20元稿费。在整个大学期间，他都对编程无比痴迷。

大学毕业之后，任宇昕进入华为，成为一名程序员。编程工作还算安逸，收入也不错。然而，任宇昕的志向不止如此。一天，契机出现了，他同在华为上班的中学同学编写了一个棋牌游戏软件，想卖给腾讯。

当时，腾讯刚刚有一些发展势头，任宇昕陪着同事到腾讯上门推销，但当时这款游戏并没有引起马化腾的兴趣，反倒是任宇昕让马化腾注意上了。

任宇昕留着寸头，眉宇间有一颗痣，目光显得异常坚定。马化腾邀请任宇昕和同事来到他的办公室，问任宇昕在华为工作是什么感觉。任宇昕回答说，在华为，从来不允许程序员离开办公桌，这样根本无法实现集思广益。

三人分别时，马化腾突然问了任宇昕一句是否愿意加入腾讯。第二天一早，整夜未眠的任宇昕打电话给马化腾表达了自己愿意。

任宇昕进入时任腾讯首席技术官张志东领导的开发组，担任Web技术开发小组组长。然而，这也不是他想要的，因为一直热衷于编程，他三次向张志东提出申请，希望放弃组长职务，加入QQ服务器小组，做一名普通程序员。

不过，任宇昕的三次请求均被驳回，因为张志东深信，这个年轻人可担大任，做程序员是大材小用。

于是，在腾讯准备第二次进军游戏市场时，任宇昕选择了接手游戏团队。同样是干管理，他更愿意选择自己喜欢的游戏领域。他总结了腾讯之前失败的经验教训，发现腾讯还不具备运营大型在线游戏的能力和经验。所以，他决定先从棋牌和小型休闲游戏入手，至少他在这个方面有一定的经验。

腾讯当时有两大竞争对手：盛大和网易。对腾讯而言，这两大对手无异于两座大山，想要扳倒并非易事。盛大当时最受欢迎的一款游戏拥有的付费用户数量超过6000万人之多。2004年，盛大在纳斯达克上市时，创始人陈天桥已经是中国首富。

为了赢得市场份额，任宇昕想借助腾讯现有的优势，即QQ上亿名用户的力量。他让QQ团队在QQ界面上添加了简单易玩的休闲棋牌游戏，成功吸引了当时习惯一上网就打开QQ的用户。

任宇昕从主要竞争对手那里学到了两种游戏运营模式——盛大模式与网易模式。盛大是将开发与运营分开，而网易则采用项目制——开发和运营不分家。尽管在网易模式下，开发一个游戏组件耗时更久，且往往团队负责人是技术出身，运营经验为零，然而据任宇昕判断，从长远来看，集开发、运营于一体的网易模式效果更佳。

任宇昕还带领团队做了另一个改进，允许游戏用户使用QQ账号登录，这样一来就免去了用户重复注册的烦恼，极大地提升了用户体验感。QQ游戏沿用了腾讯的个性装扮功能，玩家可以使用虚拟货币"Q币"购买个性装扮，随后还开发出弹窗提示功能，提醒QQ用户其好友正在玩该游戏，并引导用户跳转到游戏室。这一功能成为QQ游戏的撒手锏，多年后，腾讯推出的《王者荣耀》沿用了该功能，提醒微信用户自己的好友正在玩该游戏。

任宇昕团队的业绩超出了他们的预想。当时，互娱部约定每增长1万名用户，就聚餐1次，结果第一个月就聚了13次，到后面大家就自然把这事忘记了。

这场胜利自然也引来了竞争对手的指责。联众创始人批评腾讯公然抄袭联众的运营和商业模式，他们的理由是腾讯和联众的游戏界面让非专业人士难以分辨。

当时，国内互联网公司的各种模仿现象非常普遍，腾讯也不能免俗，当然他们并未止步于此。

2005年，腾讯将目标瞄向了当时最流行的游戏之一《泡泡堂》（Crazy Arcade，也称为BNB）。《泡泡堂》是一款由韩国公司Nexon开发的免费在线游戏，当时授权给了腾讯的竞争对手盛大。

《泡泡堂》一经推出，便席卷全国，游戏玩家可以水平或垂直发射水泡道具杀死敌人，巅峰时期一度有超过70万名用户同时在线，成为全世界最受欢迎的游戏之一。我还记得那时候我的一帮堂兄弟痴迷于玩《泡泡堂》的场面，当时有一个兄弟因为太痴迷于游戏，没有完成作业，还被父母揍了一顿。

腾讯也有意研发同类游戏。《泡泡堂》玩法简单，入门门槛低，这些特征与当时的QQ用户特征相当吻合——毕竟QQ的主要用户正是有大把时间消磨的年轻人。任宇昕带领团队对比了《泡泡堂》和腾讯版本的《QQ堂》，然后对《QQ堂》进行了改进。

《泡泡堂》的地图设计太过单调，《QQ堂》就开发了一些新的地图，以增加游戏的趣味性；《泡泡堂》的游戏角色在行走中只有手和脚会摆动，《QQ堂》便通过增加角色头部晃动，让它们看起来更可爱。

然而，2004年底《QQ堂》上线之后，研发团队才意识到这些创新实际上影响了用户体验感。因此，《QQ堂》第一版上线后即遇冷，在前几个月，上线用户人数长期徘徊在1万人以下。

团队立刻调整策略，加速打磨游戏，多次推出更新的版本。在那段时间，任宇昕领导的互娱部下班时间从未早于晚上10点。直至2005年7月，他们终于开发出一款界面清爽、画面流畅的游戏，在接下来一个季度为腾讯获取了超过10万名用户。

然而，更多麻烦接踵而至。2006年9月，Nexon以腾讯涉嫌著作权侵权和不正当竞争为由，向北京市第一中级人民法院提起诉讼。指控腾讯涉嫌抄袭其37幅游戏画面以及游戏玩法、游戏道具、游戏背景颜色和游戏设计，甚至还使用与之类似的命名方式。这是国外企业对中国互联网企业发起的第一起诉讼，在当时引起了广泛关注。

这场官司持续了6个月，但最终法院判决腾讯不存在著作权侵权行为，也不存在不正当竞争行为。这一事件给了腾讯底气，马化腾当时在接受《中国企业家》杂志采访时说："我不盲目创新，微软、谷歌做的都是别人做过的东西。最聪明的方法肯定是学习最佳案例，然后再超越。"

腾讯的法务部一直声名在外，有200多位成员，是一支擅长处理版权、并购相关法务的专家团队。腾讯总部位于深圳市南山区，腾讯法务部由于屡次在南山区人民法院起诉并胜诉，获得了"南山必胜客"的绰号。

与Nexon的纠纷也让腾讯作出了战略转向。大约在2007年底，腾讯分别从韩国游戏公司Neowiz和Neople取得了游戏《穿越火线》和《地下城与勇士》的中国代理权。这绝对是明智之举，两款游戏在不远的未来成为腾讯的主打产品，在桌面游戏时代，帮助腾讯从休闲游戏运营商一跃成为游戏界的霸主。

《穿越火线》与《地下城与勇士》

　　《穿越火线》是一款第一人称射击游戏，游戏讲述了全球两大雇佣兵集团 "Black List" 和 "Global Risk" 之间的对决。该游戏于2007年5月在韩国上线，首次推出并不尽如人意。但由于同类游戏表现优异，Neowiz向腾讯提出了500万美元以上的代理价。

　　这件事在腾讯高管中引起了争议，很多人认为Neowiz开价过高，但任宇昕坚信该游戏具有巨大潜力，因为当时国内还没有一款成熟的第一人称射击游戏，这款游戏必将成为热门。

　　任宇昕还制订了一个后备计划。为规避《穿越火线》失败的风险，他同时押注了《地下城与勇士》。《地下城与勇士》是一款多人角色扮演格斗游戏，曾连续两年跻身韩国游戏前十。

　　2008年初，上述两款游戏在国内上线，当时腾讯期望同时在线用户最高可以达到30万人，那便是一大功绩。但随后的结果远超腾讯预想，这两款游戏在一年内同时在线用户最高均突破了150万人。

　　《穿越火线》成功的关键在于其游戏玩法。用户在线组队完成游戏任务，一步步从列兵升级到元帅。游戏还引入了不同的模式。比如团队竞技模式，团队以在固定时间内消灭敌人为目标；再如歼灭战模式，此模式下玩家不能复活，只能遭遇淘汰。

玩游戏免费，但装扮角色和升级武器需要付费。截至2015 年，《穿越火线》创造了68亿美元的收入，与《吃豆人》和《魔兽世界》一并位列全球最赚钱游戏前5名。当时韩国游戏开发公司Smile Gate发布的数据显示，即使到2020年，《穿越火线》仍然是全球最受欢迎的视频游戏，同时在线用户达600万人。

《穿越火线》的版权备受追捧，电影《速度与激情》制作人尼尔·H. 莫瑞兹（Neal H. Moritz）在2015年宣布，计划将《穿越火线》拍成电影。

《英雄联盟》

在进军大型游戏几年之后，腾讯作出了迄今为止最为重要的投资决定。2008年，腾讯开始关注美国游戏开发商拳头游戏。

拳头游戏由布兰登·贝克（Brandon Beck）和马克·梅里尔（Marc Merill）于 2006年创立。他们是美国南加州大学商科同学，因为对电子游戏的热爱而结下了不解之缘。毕业后，两个同学合伙在洛杉矶西好莱坞合租了一套公寓。一开始他们分别找了工作，贝克在贝恩公司（Bain & Co）担任管理顾问，梅里尔则从事企业管理。

两个人对游戏一直热情不减，他们在公寓里连续打了几晚游戏，萌发出自己开发一款游戏的想法，但因为缺乏编程和设计知识，并没有找到合适的途径。后来，两个人加入一家网络游戏公司担任董事会顾问，负责帮助公司筹集风险投资。

梅里尔在接受《华盛顿邮报》（*Washington Post*）采访时说，《英雄联盟》源于一种哲学而非设计文件。游戏设计的灵感来自暴雪娱乐公司出品的《魔兽争霸3》玩家改装版。该版本在即时战略游戏的基础上制定了一套规则，允许玩家控制由强力英雄组成的队伍，消灭对方的基地。但是，该版本依赖粉丝的创建和维护，制作也不够精良。

贝克在接受美国全国公共广播电台（NPR）采访时则说："玩家改装版本为技术有限的人提供了一个创造的机会，人们可以在现有游戏基础之上打造出更为强大的产品，大家可以尽情实验、改装，这个过程非常的神奇。"

贝克和梅里尔正是看到了这个机会，进一步改进《魔兽争霸3》粉丝改编版，使其更趋于完美，并由此开发出了一款多人在线战斗竞技场游戏（MOBA）。

2006年9月，在圣莫尼卡市内405号州际公路的某处立交桥下，贝克和梅里尔在一个旧机械车间旧址设立了办公室，创办了拳头游戏公司。他们招聘的第一批实习生中有一位同样来自南加州大学，名叫杰夫·朱（Jeff Jew），当时还是一名大三学生。他们就《魔兽争霸》和《刀塔》（DOTA）进行了长时间的交谈，随后杰夫·朱获得了在拳头游戏的实习机会，实习报酬为时薪11美元。

几年后，杰夫·朱回忆道，拳头游戏的办公室"非常乱"，20世纪70年代的工业氛围给人一种"办公室有点潮湿的感觉"。然而，创始人的理念非常清晰，他们希望"玩家能够举起他们的操纵杆和键盘，为了更好的游戏而起义"。

拳头游戏团队开发了第一款游戏《冲锋》（Onslaught），为此编写了一份厚厚的设计文档，并专注于创作游戏角色。他们花了大约4个月时间制作了一份演示文稿，准备于2007年在旧金山举行的游戏开发者大会（Game Developers Conference）上展示。然而，由于缺乏经验，他们将事情想得过于简单。

当时，最大的问题在于贝克和梅里尔与发行商之间存在分歧。双方对于游戏的商业模式持不同的看法，拳头游戏希望游戏本身免费，而不一次性出售游戏，通过游戏内道具销售挣钱。这种免费模式当时在亚洲，尤其在中国非常盛行。然而在美国，这一概念还处于萌芽阶段，北美的发行商们不愿意承担风险。

拳头游戏认为，免费模式可以吸引更多的用户，延长游戏的生命周期。拳头游戏不希望玩家一次性购买《英雄联盟》（当时名为《冲锋》），用后即弃，而是希望通过开发新角色、新故事情节和新任务，不断改进游戏，增加游戏的吸引力，从而长时间留存用户。

在拳头游戏看来，游戏要取得成功，必须确保研发和发行在各个方面的步调完全一致。这意味着拳头游戏不得不筹集风险资金，以谋求进一步发展。

筹款的过程异常艰辛。团队制作了一个15页的PPT，还另外制作了200页的PPT作为备份。拳头游戏不放弃任何筹集资金的机会，向所有可能的投资人演示其方案。

这时，意想不到的机会出现了。梅里尔女友的父亲是一名牙医，他有一个病人认识美国连锁快餐店Baja Fresh的前首席执行官雷格·多尔海德（Greg Dollarhyde）。贝克与梅里尔在多尔海德家里向他做完演示，多尔海德当即叫来自己17岁的儿子，问他是否对这款游戏感兴趣。在得到肯定的答复之后，多尔海德召集生意伙伴，领投了对拳头游戏的天使投资。

正如贝克和梅里尔所说，当时他们做了一场"客厅路演"。最后，他们设法从大约30名个人投资者处筹集到种子基金，金额约为150万美元。

随后，他们继续在全国各地与潜在投资者接洽。而就在这个时候，腾讯的网大为出现了。

网大为原本代表南非报业投资腾讯，此时他已搬到旧金山，辅助腾讯物色值得投资的初创企业。2007 年，网大为关注到了拳头游戏，之后便一直与两位创始人保持联系。

2008年，拳头游戏拿到了700万美元融资。此时，网大为向刘炽平、马化腾以及另外几位腾讯高管建议，虽然拳头游戏还没有制作出一款热门游戏，但其多人在线战斗竞技场游戏的概念具有巨大的潜力。此外，其创始人免费游戏理念与腾讯也甚为吻合。

当时，腾讯主要做海外游戏的中国代理，同时也开始投资游戏开发企业。当时的策略主要是挖掘海外表现优异、价格实惠的游戏，购买代理权，在中国代理该游戏，以此与网易等其他公司竞争。

2008年10月7日，拳头游戏对外宣布推出《英雄联盟》。为此公司全力以赴，打造地图、游戏玩法、角色，以及期望用户付费购买的皮肤道具。

销售皮肤和装扮最初从亚洲开始流行，如今已成为所谓的游戏微交易的基本内容。如今的游戏《堡垒之夜》也沿袭了这种模式。腾讯是游戏道具销售模式的先驱。在桌面游戏时代，腾讯的数字货币Q币功不可没，用户可以通过在便利店购买充值卡获得Q币，也可以用手机话费购买，充值成功后可以在游戏中使用。后来，随着支付宝和微信支付等在线支付方式的出现，小额的游戏内支付变得更加便捷，对手游而言尤其如此。

然而，当时在美国，免费模式在游戏领域还是一个比较新的概念。拳头游戏也并没有完全做好准备，当时公司经历了超级可怕的时刻。由于担心资金耗尽，大家与时间赛跑，甚至招聘了大量的实习生，以至12位游戏开发员中，有一半是实习生。

竞争越发白热化，而其他竞争对手也开始开发多人在线战斗竞技场游戏。当初的DOTA团队目前加入了不同开发商，都在投入创作自己的多人在线战斗竞技场游戏。其中，S2 Games正全力创作《超神英雄》（Heroes of Newerth）。几个月时间内，各游戏开发商陆续发布了新产品。

在《英雄联盟》发布前7个月，拳头游戏设计出了40个角色，并为其中一半的角色设计了额外的皮肤。

当时，S2 Games的《超神英雄》拥有更好的开发团队、更好的技术和更多的顶级玩家，然而《英雄联盟》在一个领域选择了一个更加正确的商业模式。

《英雄联盟》是一款免费游戏，而《超神英雄》采用传统方式，对用户收取一次性下载费用。《超神英雄》在公布售价之后，就失去了一半玩家，许多玩家转而投向《英雄联盟》。事后发现，原因可能是许多用户是亚洲玩家，他们要么消费能力低，要么早已习惯了免费模式的游戏。

2009年，拳头游戏的年收入约为130万美元，两年后飙升至8500万美元。拳头游戏发展迅速，促使腾讯认真考虑收购或入股事宜。

腾讯的几位高管马化腾、刘炽平和任宇昕都是《英雄联盟》的狂热爱好者。玩游戏是他们开展尽职调查的方式之一。刘炽平说："我们需要了解产品。产品是一切投资的产出结果，通过产品可以了解很多关于企业团队的信息，包括团队的素质、文化和理念。"

但拳头游戏并没有无条件同意这笔交易，希望保留公司的管理结构、团队和文化。对于这一点，腾讯在经过认真考虑后承诺允许拳头游戏保持独立运营。

同年，腾讯出资4亿美元收购了拳头游戏公司94%的股份，并占了该公司五个董事会席位中的两个，另外两位是公司创始人，还有一个空缺席位。拳头游戏自负盈亏，与腾讯间信息共享极少，腾讯员工甚至无法查看《英雄联盟》的源代码。

本次收购开启了一个重要先河，即收购但不合并。这一做法比脸书早了一年，后来脸书在收购照片墙（Instagram）时也采取了同样的做法。这种模式让规模较小的公司得以持续增长，而无须与体量更大的科技巨头进行殊死搏斗。

然而，裂痕始终还是会出现。2011年，腾讯获得了《英雄联盟》国内代理权，这是因为外国游戏公司不得在没有本地合作伙伴的情况下在中国运营。在接下来的一年中，拳头游戏的月度活跃用户超过3200万人，其中大部分来自亚洲国家。

事实证明，投资拳头游戏是腾讯作出的最好的投资决定，拳头游戏成了腾讯的摇钱树。从英国伦敦到土耳其伊斯坦布尔和韩国，该公司在20多个国家开设了办事处。2015年，公司将总部迁移到西洛杉矶的一处新址，以每年约1600万美元的价格签下了为期15年的租约。

拳头游戏的新办公大楼向员工提供类似脸书的福利，包括免费自助餐厅、电影院和冥想室。办公环境优美，还有一名猎鹰人负责驱赶到处拉粪的鸽子。科技新闻媒体The Information报道，该公司会在圣诞节举办派对，其间用真雪填满篮球场，还花费超过500万美元购买机票，让公司员工及家属前往多米尼加共和国或韩国首尔参加公司年会。

《英雄联盟》玩家人数众多，这从腾讯在2020年新冠疫情期间举办的电子竞技活动中观众的高涨热情中可见一斑。该游戏当年收入为17.5亿美元，维持了全球最赚钱游戏之一的地位。2021年，美国游戏公司拳头游戏出品的网络动画剧集《英雄联盟：双城之战》（*Arcane*）在网飞（Netflix）、亚马逊推趣（Twitch）及腾讯视频首映。短短几小时内，腾讯视频上国内浏览量达1.3亿次，这部动画成为腾讯视频平台搜索次数最多的节目。

虽然多年以来腾讯在很大程度上信守承诺，允许拳头游戏保持独立运营，然而两家公司都面临着挑战。拳头游戏的忠实粉丝无情地抨击腾讯贪婪无度——引导玩家付费升级游戏道具。

另外，利润分成也是一个问题。腾讯作为游戏的中国的代理，享受中国地区至少70%的收入。这让拳头游戏非常头痛，因为中国是拳头游戏最大的市场，拳头游戏员工感觉自己很吃亏。

2014年左右，拳头游戏开始对腾讯在国内对《英雄联盟》的推广力度感到不满。拳头游戏认为腾讯没有花足够的时间进行游戏营销，从而导致游戏利润的下降。科技新闻媒体The Information报道，拳头游戏背地里在中国香港开设分部，希望更多地掌控最能赚钱的游戏代理业务。他们还聘请了一位曾监管职业电子竞技联盟的腾讯前高管来监督发行事务，并警告其员工不得向腾讯透露这一举措。

不出所料，腾讯在得知此消息后非常愤怒，拒绝与新指定的联络人合作。最终，腾讯于2015年收购了拳头游戏剩余的7%股份，从而结束了这场战斗。但拳头游戏在背后做小动作这件事已为双方关系埋下了隐患，当腾讯试图进军移动市场时，这一裂痕更加扩大。

《堡垒之夜》

腾讯投资拳头游戏不仅获得了巨大的经济回报，还开辟了新的合作方式。由此有了日后最令世人瞩目的合作——腾讯与埃匹克娱乐（Epic Games）的合作。

2012年，腾讯花3.3亿美元收购了埃匹克娱乐40%的股份，由此收获了世界上最受欢迎和最有影响力的游戏渲染引擎之一虚幻引擎（Unreal），以及游戏《堡垒之夜》。

埃匹克娱乐旗下的游戏《堡垒之夜》，吸引了全球3.5亿名玩家，让青少年、说唱歌手、职业运动员甚至中年会计师如痴如狂。当时技术洞察与数据智库研究机构CB Insights估计，2021年4月，埃匹克娱乐的市值达到将近290亿美元，在全球市值最高初创企业中排名第六。

埃匹克娱乐的旗舰产品《堡垒之夜》是受日本电影《大逃杀》的启发，采用了类似的背景而设定的，背景为一群人被困在一座虚构的岛屿上，被迫殊死战斗。在《堡垒之夜》游戏中，玩家可以单人作战，也可以团队作战，每局游戏都有多达100人加入。游戏开始，玩家从空中跳伞，然后寻找武器和盾牌以保护自己。与电影情节类似，最后会有一个玩家或一支团队胜出。

《堡垒之夜》已经成为一种现象。网飞在2019年致股东的信中写道："《堡垒之夜》是一个比HBO更强大的竞争对手，我们和他们在抢夺用户注意力，而他们往往更加厉害。"

埃匹克娱乐在诸多方面都与腾讯对未来的愿景相契合。埃匹克娱乐的创始人兼首席执行官蒂姆·斯威尼（Tim Sweeney）在公司内颇受敬重。他秉持游戏与娱乐（包括电影）结合的理念，倡导在游戏中融合元宇宙的概念。

斯威尼行事低调，不太在媒体前露面。然而，近期由于在捍卫收入分成方面与苹果和谷歌等知名企业抗争，他才为众人所熟知。熟悉他的人说，斯威尼认为自己是为普通人而战的。他身价接近100亿美元，却仍然喜欢穿T恤和工装裤，开一辆2019款雪佛兰科尔维特，流连于汉堡王，而不爱去高级餐厅。

斯威尼的创业之路始于父母的地下车库，他大学时代就在地下室里通过电子邮件销售游戏软件。斯威尼出生于1970年，在马里兰州长大。他有两个哥哥，父亲在国防测绘局工作，母亲是一位全职太太。

斯威尼小时候玩过《超级马里奥兄弟》。受哥哥的影响，他首次接触到了IMB台式电脑。他大哥在一家位于加利福尼亚州圣地亚哥的初创公司工作。一天，他在哥哥办公室玩，哥哥用IBM电脑向他演示如何编程，为他打开了编程世界。11岁时，他曾沉迷于拆解割草机、收音机和电视机。但当哥哥送给他一台Apple II Plus电脑后，他便开始沉浸于数字世界中，还用这台电脑编写视频游戏程序。

成名后的斯威尼在接受《华尔街时报》（ *The Wall Street Journal* ）采访时说："我感觉我花在编程上的时间，比睡觉、上学和做其他事情的时间都多。"

15岁时，他还主动给邻居修剪草坪，以赚取一些外快。

后来，他在马里兰大学学习机械工程专业，大二时便写出了第一款电子游戏ZZT。由于当时他不会图形编程，游戏没有任何图形，界面只有文本和字符，玩家只能通过控制笑脸角色与各种生物战斗。游戏通关之后，难度会逐渐升级。之后，他创立了自己的第一家公司——波托马克计算机系统（Potomac Computer Systems）。

斯威尼只差一个学分就可以大学毕业，然而20岁那年，他选择辍学回家，专注游戏开发。1991年，ZZT正式发布，斯威尼通过电子邮件在网上出售游戏的软盘挣钱。

斯威尼将公司更名为"Epic Mega Games"，他认为之前的名字不够响亮，更名后"更像一家大企业的名字"。[①] ZZT很快就卖出了几千份，斯威尼也终于可以搬离父母的住所。

后来，斯威尼将"Mega"去掉，公司名称最终变成如今的"Epic Games"（埃匹克娱乐）。公司也搬到了如今的所在地北卡罗来纳州凯里。随后，公司发布了首款第一人称视觉射击游戏《虚幻》，这是一款基于台式机的在线多人射击游戏。而其背后的技术就是虚幻引擎，可以实现图像渲染，为二维图像增添阴影、颜色和光照等效果。

虚幻引擎为埃匹克娱乐的巨大成功奠定了基础。2006年，公司研发出第一款射击类游戏《战争机器》。《纽约时报》（*The New York Times*）评论说，《战争机器》是市面上一款界面"最好看"的游戏。

《战争机器》大受市场欢迎，成为公司的主打产品。10年之后，公司再次凭借游戏《堡垒之夜》大放异彩。

同时，虚幻引擎也为公司带来了巨大的收入。埃匹克娱乐向其他游

---

① 　《荷兰商业期刊》（*Business Insider Nederland*），2020年8月19日。

戏公司出售虚幻引擎，获得的收入成为公司收入的主要来源。

在接受美国电子游戏网站Polygon采访时，斯威尼说道："没有虚幻引擎，公司可能已经倒闭了，而且早已倒闭了三次。"他预见到虚幻引擎可应用于游戏以外的其他领域，比如建筑、车辆设计和电影创作等。他说："在这些领域中，有95%的需求是相同的，都需要逼真的图形、渲染和环境，最好有一个优秀的创作工具来整合上述所有功能。"

当时，埃匹克娱乐便已经意识到游戏的跨平台知识产权的潜力。游戏可以改编为动漫、电影，反之亦然。埃匹克娱乐首席设计师克利夫·布列辛斯基（Cliff Bleszinski）在接受彭博社采访时说："只要游戏质量有保证，受到玩家爱戴，进军好莱坞的机会便会络绎不绝。"

虚幻引擎作为当时最先进的技术赢得了业界普遍赞誉，同时吸引了腾讯的注意。2011年前后，由于公司扩张需求，以及早期员工产生套现意愿，斯威尼准备出售公司的一部分股票。

摩根士丹利（Morgan Stanley）代表埃匹克娱乐联系了腾讯。而腾讯认为这是一个不容错过的机会，于是刘炽平亲自飞往北卡罗来纳州达勒姆，约见蒂姆·斯威尼，随行的还有腾讯从高盛聘请过来的詹姆斯·米切尔（James Mitchell）。

蒂姆·斯威尼在家中接待了这两个人。他爱好收藏一种高性能的美式后驱车——肌肉车，家中的藏品给到访者留下了深刻的印象。接着，斯威尼提出开车带他们参观公司的办公室。由于跑车是双人座，需要有一人单独开一辆车，这个任务便落在了米切尔身上。

米切尔毕业于英国牛津大学，颇为儒雅，他曾任高盛纽约分公司的董事总经理，主要负责通信、传媒及娱乐等行业的研究工作。他最后一次开手动挡汽车还是在中国香港考取驾照的时候。对于如何驾驶高性能跑车，他一无所知。于是，他以每小时48公里的速度低速行驶，走走停停。幸运的是，那天是星期天，路上车辆并不多。

不过，参观办公室之旅还是值得的。埃匹克娱乐的办公场所有一点像电影《钢铁侠》里的场景。那时，埃匹克娱乐已经建立了好几个绿屏动作捕捉工作间，这在当时业界处于领先地位。他们找了一家牛排和烤肉店吃午餐，斯威尼对游戏的见解给刘炽平和米切尔留下了深刻印象，尤其在游戏机方面，而腾讯并不熟悉这一领域。当时，业界对高清游戏与移动平台的融合议论纷纷。斯威尼却认为，手机在图形处理单元方面和视觉保真度方面与台式机和游戏机相媲美还需要好几年时间。他知道什么能做，什么不能做，这一点使他显得与众不同。刘炽平和米切尔一致认为，斯威尼是一个善于独立思考的人，与埃隆·马斯克很相似。

埃匹克娱乐的商业表现也极具吸引力。除了《战争机器》之外，腾讯还非常看好虚幻引擎，看到了其足以支撑整个游戏行业发展的巨大潜力。腾讯当时意图投资的另一个原因是其人才团队——埃匹克娱乐有大约450人，而当时腾讯已经将游戏确定为其支柱业务，不仅有意拓展业务内容，还希望获得人才，以建立一个完整的游戏生态系统——很早便预见到游戏行业将从硬件销售向软件与服务销售转型。

腾讯一心想成为全球游戏业巨头，当然希望通过将多元游戏类型引进到国内，在国内市场建立起优势。摩根士丹利告知腾讯当时还有另一家竞标者。腾讯一开始以为是微软公司，这样的话，腾讯的胜算很小。后来，米切尔四处打听，查明原来竞标对手是华纳兄弟娱乐公司。

在发行推广方面，腾讯比不上华纳兄弟。而事实上，除了提供投资之外，腾讯没有任何其他优势，但刘炽平和米切尔承诺允许埃匹克娱乐独立运营。这一点让斯威尼非常心动，当时恰逢腾讯收购战略转变，即放弃之前的控股投资对象自己运营的方式，转而购买投资对象的少量股份，授予其经营自主权。事实上，马化腾、刘炽平和米切尔都注重留住投资对象的创始人，这不仅关乎腾讯未来的商誉，更重要的是可以为企业持续发展会聚人才。

斯威尼非常喜欢这种保持独立运营的方式。新股东不会强迫他开发新的《战争机器》系列游戏，这一点让他非常满意。于是，2012年，斯威尼同意以3.3亿美元的价格向腾讯出售埃匹克娱乐40%的股权。

然而，腾讯并没有想到，自己很快就要兑现对斯威尼的许诺，6个月之后，斯威尼忽然告知腾讯，意图向微软出售《战争机器》的版权，以更好地专注网游业务。当时，埃匹克娱乐的一位高管透露说："斯威尼说要破釜沉舟，事实确实如此。"

不过，好在腾讯只持有埃匹克娱乐少量股权，此次出售不影响腾讯的资产负债表。然而，由于腾讯的大部分投资财务模型都是基于《战争机器》的收入制作的，此事依然令腾讯非常伤脑筋。当时，换作任何其他股东都可能持反对意见，但腾讯选择信守诺言，让其自行决定。

没两年时间，斯威尼又做出了一个惊人之举。2015年，他宣布旗下最新游戏引擎技术虚幻引擎4免费，希望有更多的小型开发商可以使用该技术，只有当开发者使用虚幻引擎4开发的游戏带来每个季度收入超过3000美元时，才需要支付版权费用。

2011年，埃匹克娱乐推出游戏《堡垒之夜》，早期的这款游戏看起来并不像一款大逃杀类游戏，6年之后，它最终大有所获。

《堡垒之夜》最初的设计是由4名玩家组队，搜集材料，建造堡垒，抵御僵尸的进攻。在建造工事方面与《我的世界》情节类似。但最开始，由于太过暗黑，类似风格的游戏也很多，市场反响冷淡。于是，埃匹克娱乐转而采用卡通视觉设计，从而创造出了当今世界各地粉丝所熟知的画面风格。世界建造、场地清理、地形拓展以及玩家合作方面的设计也进一步改进，这些元素后来成为该游戏的标志性元素。

2017年出现了一个转折。一家韩国公司在同年3月推出了一款名为《绝地求生》的游戏，游戏在6个月内销量达到1300万份，打破了单机游戏的销售纪录，用户数量超过《侠盗猎车手5》和DOTA 2等畅销游戏。

《绝地求生》的设计师布伦丹·格林（Brendan Greene）是爱尔兰人。三年前，他的生活还需要接受救济，婚姻失败，事业发展也不如意，那时他还在巴西从事网页设计和婚纱照拍摄。但是，他非常喜欢玩电脑游戏，逐渐成为一名资深玩家，慢慢发现现有游戏版本存在许多问题，于是便开始自己写代码，对游戏进行自定义修改。

受到日本电影《大逃杀》的启发，布伦丹·格林凭借自己的基础编程技能，将军事射击游戏《武装突袭2》改编为一款大逃杀类游戏。游戏设定与《饥饿游戏》有些类似，100名玩家通过跳伞到达一个废弃的岛屿，各自寻找十字弓、枪支和煎锅，互相残杀，直至只剩最后一个幸存者。

布伦丹·格林与韩国电子游戏开发商蓝洞（Bluehole）合作，推出游戏《绝地求生》，获得了巨大成功。蓝洞是魁匠团（Krafton）的前身。

腾讯当然不会放过这样的投资机会，在后面的日子里，腾讯投资了魁匠团，并帮助魁匠团完成在韩国的首次公开募股。

眼见《绝地求生》的巨大成功，埃匹克娱乐迅速改进《堡垒之夜》，在其中加入了大逃杀的概念。2017年9月，新版《堡垒之夜》发布，成为埃匹克娱乐的一个转折点。

《堡垒之夜》在移动端大放异彩，吸引了不少新用户群体加入。移动应用分析服务商Apptopia Inc.发布的数据显示，2018年，《堡垒之夜》有一半的玩家是女性。相比之下，竞争对手《使命召唤》和《侠盗猎车手》的女性玩家只有1/3，甚至不到1/3。

埃匹克娱乐效仿腾讯，将游戏免费。即便如此，据蒂姆·斯威尼自称，2020年《堡垒之夜》为公司创造了51亿美元的收入。《堡垒之夜》免费之后，埃匹克娱乐不再收取用户40美元的游戏购买费用，而是诱导玩家购买游戏主题、服饰、动作、皮肤等虚拟道具，装扮游戏人物形象，或者购买游戏季票解锁游戏等级。

这些虚拟物品的价格从几美元到近20美元不等，引导广大用户表现出了强烈的购买欲。

研究机构LendEDU的一项调查显示，尽管购买虚拟道具无法帮助玩家在游戏中取胜，但仍有将近69%的玩家有购买上述物品的经历，这其中37%的玩家表示，他们是第一次在游戏中购买虚拟道具。

《堡垒之夜》率先推出游戏季票。游戏季票是一种游戏奖励体系，购买季票后，玩家可以获得虚拟硬币，从而解锁游戏中的皮肤和表情符号。季票可以通过游戏升级获得，也可以直接购买。

季票给《堡垒之夜》带来的收入超过了其他任何公司。就《绝地求生》而言，季票收入仅占公司总收入的10%—20%，而《堡垒之夜》的季票收入大约占了公司总收入的一半。

免费模式解决了游戏开发运营商长期面临的问题。过去，一款游戏无论当时多么轰动，终究难逃最终消亡的命运。

在游戏领域，实现收入可持续性一直是一个可望而不可即的目标。2018年之前，美国最大的游戏制造商（由于其游戏评级高，往往被称为3A开发商）开发的游戏，大多数需要用户付费购买后才能下载。随后，美国手机游戏行业率先试水免费模式，通过用户游戏内消费赚取收入。

《农场模拟》和《部落冲突》正是最早吃螃蟹者。如今，游戏内消费已成为游戏行业最具可行性和持续性的商业模式。

虚拟道具成了一座金矿，而这座金矿即将引发一场全球范围的冲突，导致埃匹克娱乐与全球最大的企业——苹果公司对抗。

对抗苹果公司

用户在苹果应用商店直接购买应用程序，以及在应用程序内消费和订阅，苹果公司都会收取开发者约30%的分成。这可不是一个小数目。移动应用数据分析公司Sensor Tower公布的数据显示，2020年苹果用户在苹果应用商店的消费金额达到720亿美元，而苹果通过分成从中赚取了近220亿美元。

斯威尼在接受彭博电视台主播艾米丽·张（Emily Chang）采访时说："苹果应用商店从来不允许竞争，这就好像一个城市只有一家商店。我觉得这违背了美国精神，违反了自由竞争的原则，然而苹果就是这样做的。"

斯威尼认为，不应该强迫用户使用苹果的支付渠道，于是埃匹克娱乐在《堡垒之夜》中添加了自己的支付渠道，以绕过苹果的支付机制。

而作为对此举的回应，苹果和谷歌分别将《堡垒之夜》从应用商店下架，数十亿名用户无法通过两大应用商店下载《堡垒之夜》游戏。

为此，埃匹克娱乐针对苹果公司向法院提起诉讼，以报复苹果的下架措施。为了获取公众支持，它还模仿苹果经典广告《1984》制作了一个广告，暗讽苹果从弱势地位发展到今天垄断地位的历程。

2021年8月，苹果回应称，埃匹克娱乐希望获得一项"附属"协议，从而获取与苹果的特殊交易权，这将从根本上颠覆苹果应用商店的运营方式。苹果在一份法律文件中称："埃匹克娱乐希望坐享苹果的服务，而不支付费用，此举违反了其与苹果订立的合同，纯属利用自己庞大的用户量作为威胁的筹码。"

苹果称，苹果应用商店为用户提供了严格的审核流程以及隐私和安全保护，苹果的支付系统能确保用户的体验和安全，这些正是苹果应用商店的价值所在。

双方的争斗于2021年9月达到白热化阶段。美国联邦法官伊冯娜·冈萨雷斯·罗杰斯（Yvonne Gonzalez Rogers）作出了有利于苹果的裁决，认定苹果的支付规则没有违反反垄断法，但同时要求苹果不再禁止开发者在应用程序中添加按钮或链接，可以引导用户使用苹果支付系统以外的支付方式。截至2022年3月，埃匹克娱乐仍在美国35个州多个社会团体以及微软公司的支持下就该裁决提出上诉。

苹果打算一直封杀《堡垒之夜》直至诉讼结束。而斯威尼表示，双方之间的诉讼可能需要持续5年。

移动应用平台的争夺尚未结束，斯威尼已开始与桌面游戏商店展开另一场较量。为了对抗Valve旗下最大的桌面游戏发行商Steam（蒸汽平台），斯威尼于2018年推出了埃匹克游戏商城，收费远低于竞争对手。

此举在行业内引起了一片哗然，就在游戏商城发布之前，Valve听说了该计划，向埃匹克娱乐提出了降低对其的收费比例。

2018年，斯威尼接受美国电子娱乐杂志《游戏情报员》（*Game*

Informer）采访时说："Steam、苹果应用商店、谷歌应用商店等平台与开发者以3∶7的比例分成，这已是10多年前的规则。如今，全球数字游戏达到250亿美元的规模，然而开发者并没有从规模经济中受益。据我们计算，在3∶7的比例分成模式下，游戏商店的利润率达300%—400%。我们只是希望开发者能获得更多利益。"

依据斯威尼估算，即便埃匹克娱乐与开发者按照12∶88的比例分成，依然能盈利。埃匹克游戏商城对基于虚幻引擎开发的游戏免提成费，而游戏商城的应用数量有限，于是制定了一系列措施以吸引更多用户。

其中一个措施便是流量效应。YouTube（优兔）和推趣的内容创作者能够使用创作者链接和创作者标签，从埃匹克游戏商城的游戏中获得收益。每个游戏分成比例略不相同，由开发者自行设定，最低分成比例为5%。最初这只是一个临时促销活动，之后发展为埃匹克娱乐的"创作者支持计划"。

育碧游戏（Ubisoft）推出的《全境封锁2》（The Division 2）放弃在Steam游戏商城上架，转而选择在埃匹克游戏商城独家首发。深银（Deep Silver）的《地铁：离去》（Metro: Exodus）之前可以在Steam游戏商城提前预订，但在2019年2月，该游戏选择了在埃匹克游戏商城独家发行。

然而，这种独家交易方式也招致批评。一些用户抱怨，埃匹克娱乐强迫用户选择新平台，然而用户更愿意使用之前的平台，因为他们喜欢丰富的商品门类。另外，埃匹克游戏商城在用户体验方面也比不上Steam，除了商品选择更多，Steam维护着一个活跃的社区，社区有游戏反馈、游戏评论、论坛、广播和云存储等功能。

但斯威尼不以为然，他认为自己在捍卫开发者选择游戏分销平台的自由，他在推特上写道："无论大家怎么看，我们的目的都是促进应用商店间的自由竞争。我们坚信允许自由竞争会使所有开发商和游戏玩家受益。"

这一战役可能会持续数年，与此同时，斯威尼还在思考他热衷的另一项目——打造元宇宙，并建立全球娱乐帝国。埃匹克娱乐于2020年7月获得索尼2.5亿美元的投资。斯威尼称，埃匹克娱乐可以实现"游戏、电影和音乐的融合"。援引不愿意透露姓名的知情人士消息报道，埃匹克娱乐准备成立一个新的娱乐部门，专注制作脚本视频而不是游戏。他们先前从卢卡斯影业（LucasFilm）挖走一些高级管理层，部分人员将在新部门任职，并主导该部门将游戏《堡垒之夜》拍成电影。

斯威尼的愿景与腾讯不谋而合。当时正受相关部门限制游戏时长和游戏内容审查政策的影响，中国国内市场不确定性增加，腾讯正寻求更多海外机会。

一些人认为元宇宙——虚拟现实、增强现实和社交媒体的整合——代表着互联网和在线娱乐的未来。在腾讯内部，高管认为，虚拟现实技术至少需要5年时间才能发展为主流技术，换句话说，元宇宙的成形至少还需要5年。

但腾讯仍将继续探索虚拟现实技术，例如，玩家可以通过面部扫描的方式，将自己制作成游戏角色，也可以扫描建筑物，将其放入游戏场景。埃匹克娱乐的虚幻引擎则是虚拟现实技术的重要支撑。虚幻引擎帮助迪士尼流媒体平台制作出了剧集《曼达洛人》（*The Mandalorian*）中的主角人物。

该技术有望成为虚拟现实宇宙的重要基础，虚幻引擎的商业前景意味着在未来，腾讯和埃匹克娱乐之间的合作会更加紧密。斯威尼定期与网大为会谈，每隔几个月会与詹姆斯·米切尔商谈。

腾讯与埃匹克娱乐会共同商讨后续改进后端服务器的设置，并提出网络架构方面的优化意见。《堡垒之夜》在国内公测3年之后，由于一直未获得游戏版号，于2021年11月宣布在中国下架。该游戏再次进入中国需要等待时机。尽管如此，腾讯的大部分部门正在运营顶级手游，包括第一人称人物射击游戏，都是基于虚幻引擎开发的。

同为腾讯的投资对象，拳头游戏和埃匹克娱乐都着眼于下一代颠覆性技术。同时，他们也不得已竭力捍卫各自在移动领域的份额。因为在目前，以及未来很多年内，智能手机平台仍极具潜力。

在抓住手游行业的机遇方面，腾讯一直提倡有备无患。在这一方面，它已实现了自身飞跃，并没有单纯依靠收购和投资。事实上，在全球同行内，腾讯已经遥遥领先。因为在马化腾看来，移动时代，游戏一定是支柱性产业。

chapter

第十章

决战在手游

10

手游时代

2012年，微信风生水起，坐拥2亿名用户，不仅通过即时通信功能实现了人与人的连接，还整合了新闻媒体等内容，成功实现了人与服务的连接。在一次演讲中，马化腾谈到要把微信做成一个开放平台，席间有一句话让人印象深刻："在移动互联网众多模式中，目前最先实现规模化盈利的，可能是移动游戏。"

无独有偶，就在一年之前，美国联邦政府下属的美国艺术基金会宣布，电子游戏是一种艺术形式，是一种创造性的智力与情感表达形式。

这个政府政策的"吹风"让业内人士欢欣鼓舞。但与此同时，马化腾和其他腾讯高管忧心忡忡，担心在中国向移动互联网时代过渡期间，腾讯的游戏业务发展可能会受阻。《人民日报》发表的一篇文章引用过马化腾的一句名言："巨人倒下时，体温还是暖的。"巨人指柯达、黑莓和诺基亚等倒下的业界巨头。

马化腾一再告诫腾讯全体员工说："这是发生在我们身边血淋淋的

案例。它们是巨人时，我们还是小弟弟。我们看到，巨人稍微没有跟上形势，就可能倒下。巨人倒下时，体温还是暖的。腾讯虽然现在市值很高，但我们仍然要保持忧患意识，还要多多思考。"

这就是腾讯创始人发出的号召，号召公司向移动端转型。时任游戏业务负责人的任宇昕认为，是时候自主开发游戏了，不能只做游戏代理。这是当时腾讯的一个重要的战略部署。腾讯想基于QQ和微信流量开发5款游戏，腾讯的游戏业务自此走向移动时代。

马化腾和任宇昕对年轻人姚晓光委以重任。当时，姚晓光在业界已小有名气。2012年，在腾讯的一次重要会议上，他与张小龙及另外一位高级产品经理同台进行产品演示。

游戏狂热分子

姚晓光带领团队开发了赛车游戏《QQ飞车》，游戏同时在线用户超过200万名，这让他在腾讯备受追捧。

姚晓光内敛而不乏自信，从小便痴迷计算机。1993年，他上初三的时候，希望父亲给他买一台电脑。当时，电脑价格昂贵，一台电脑相当于一家人几个月的生活费，父亲因此迟迟没有答应。然而，这并没有丝毫减少他对电脑的热情。每逢周末，他便来到父亲的办公室，成天对着电脑。父亲非常好奇，想试试儿子的学问。

一天晚上，姚晓光在房间静静地写作业，这时父亲拿着一本关于BASIC编程语言的书走了进来，准备考一考儿子的计算机基础知识。姚晓光对答如流，这让父亲惊讶不已。他发现儿子在计算机方面确实有天赋。

那年暑假，父子俩冒着炎热的天气欢快地踩着自行车，跑遍了当时市内大大小小的电脑商城，想选购一台物美价廉的电脑。最后，他们买了一台英特尔i386。

英特尔i386现在已是古董，但当时对于姚晓光来说，无异于宝贝，他兴奋得几乎整晚没有睡着。作为全校第一个家里有电脑的人，姚晓光很快便开启了自己新的人生。

17岁那年，姚晓光过生日，他邀请了两个同学到家中一起玩暴雪公司的《暗黑破坏神》。游戏的设计和玩法让他着迷。而此时，他心里埋下了一颗种子，决定要做出比暴雪更好的游戏。

姚晓光说："17岁时，我被游戏中的艺术设计深深打动。当我决定做游戏时，游戏在中国还称不上是一个行业。"

姚晓光进入大学以后，便沉浸在编程中，学习BASIC和C++。他成绩优异，深得老师喜爱。大二暑假，老师找到姚晓光，希望他帮忙编写一个多媒体制作软件。于是，在整个暑假，姚晓光没日没夜地写程序，把写好的软件程序交给老师，获得了200元报酬。这对一个本科生来说无疑是一笔巨款，他用赚得的钱购买了MX200芯片和调制解调器。

姚晓光对《暗黑破坏神》的热情丝毫未减。这款游戏让他着迷，于是他打算开发一个游戏试玩版，期望收到与《暗黑破坏神》一样的效果。抱着好玩的心态，他用Visual和流行的微软游戏开发工具DirectX 7.0编写了一个演示版游戏。

这个演示版游戏让他获得了第一个工作机会，遇到了人生第一个伯乐，即盛大创始人，也是腾讯的竞争对手陈天桥。那时，陈天桥还是一个初出茅庐的创业者，他通过炒股赚到了人生的第一桶金，便用这50万元作为注册资本创办了盛大网络。陈天桥当时想做一款叫《炸弹狗史丹莫》的游戏，计划打造像米老鼠一样受欢迎的动漫IP（知识产权）。但由于缺乏经验和资金，这个项目最后不了了之。

2000年毕业以后，姚晓光接受父母的安排，进入电厂上班，被安排在机房工作，月薪1000元。电厂的工作非常清闲，然而姚晓光有更大的抱负。他打算辞职，却遭到了父母的强烈反对。在父母看来，做游戏没有出息，也赚不到钱。

经过姚晓光的软磨硬泡，母亲最后同意了，但提出一个条件，新工作要保证收入是电厂的5倍。母亲以为这样一来，姚晓光便会知难而退。

然而，姚晓光的母亲失算了。当时，亚联游戏的老总戴红看中了姚晓光的游戏演示版，邀请姚晓光加入极致工作室，月薪5000元。这个工作机会也把姚晓光带到了全中国最好的人才和教育资源的聚集地——北京。

在亚联游戏的经历为姚晓光打开了网游的大门。为了掌握网游制作的技术，除去房租和伙食费之外，姚晓光将收入的1/5花在参加培训班上，他还经常去北京大学蹭课，学习最新的技术。他开始步入网络游戏世界，还开发了一些小游戏，赚的钱足够他建立自己的游戏工作室。

为了向《暗黑破坏神》致敬，姚晓光工作室开发的第一款游戏被命名为《暗黑在线》。殊不知，他人生中最黑暗的时期才刚刚开始。工作室耗尽了他和另外两位创始人的全部积蓄。他们把自己关在一个小房间里整整几个月写代码，几乎不与任何人交谈。尽管他们已经倾尽全力，但《暗黑在线》在首次亮相当天仅吸引了区区4000名玩家，随后便很快湮灭在众多游戏的汪洋大海之中。

2003年，姚晓光加入盛大开发网络游戏《神迹》，其间常常连续通宵达旦坐在电脑前工作，以致左腿疼痛了两年。为了不耽搁开发进度，他一直拖着没有就医。两年后，等到游戏公测的时候，他才去医院做了手术。手术一共进行了两次，他的左侧髋关节被取出。

这一段经历十分痛苦，却磨炼了姚晓光，使他为即将到来的挑战做好了准备。

2006年，姚晓光康复后，接受了腾讯的邀请。他不负众望，在两年内开发出了《QQ飞车》。于是，姚晓光成为带领腾讯向移动时代过渡的不二人选，负责开发腾讯新的手游项目。

姚晓光当时任务非常艰巨。马化腾和任宇昕不仅希望他带领团队打造出一款热门手游，还希望他带动实现腾讯多部门之间的联动。腾讯之前的策略一直是鼓励各部门之间的竞争。姚晓光身处腾讯最大的事业群，需要调动14个不同的部门来完成工作，而他与其中大多数人都是第一次合作。更大的困难在于，他之前只有桌面游戏开发经验，手机游戏对他来说是一个全新的领域。

七宗罪

姚晓光要来一支研究手机游戏的团队，但团队成员并没有开发产品的经验。他成立了新的手游工作室，取名"天美"，这个名字也体现了姚晓光每天为人们带来欢乐的梦想。天美是一个独立的游戏工作室，运营独立，风险自担。

在姚晓光的带领下，团队拼命工作。有一次，姚晓光碰到腾讯首席技术官张志东，张志东问姚晓光的团队够不够拼。张志东半开玩笑地说，微信诞生的前11周，我们团队里没有一个人在晚上12点前回家。姚晓光笑道，从开发的第一天开始，我们也没有人在晚上12点前下过班。

不是团队不想休息，而是工作确实过于紧迫。天美有5个月的时间制作第一批游戏，但需要与强大的微信部协同，而微信部常常在最后一刻才提出要求和修改意见。此外，微信非常注重维护平台声誉，注重用户保护，不希望广告和消息滋扰用户，而这一理念给游戏开发团队带来了不确定性。通常情况下，微信部先同意授予对某些软件的访问权限，接下来又很快反悔。

更让团队惊慌的是，就在他们推出开发游戏的前夕，发现微信团队也同时在开发所谓的微信小游戏。小游戏无须用户下载，可以直接在微信界面运行。当时，微信开发的是一款休闲射击类游戏，名为《飞机大战》（俗称《打飞机》），用户通过操纵飞机射击目标并躲避障碍物。

微信小游戏取得了巨大的成功，抢尽了天美的风头。

姚晓光足够宽宏，至少表面上如此。他对记者说："我们要感谢小龙，《打飞机》帮助玩家养成了送心、比拼等玩法习惯，为'天天系列'手游提供了很好的玩家教学基础。"

实际上，姚晓光团队面临的竞争不止微信部。腾讯一向允许团队间竞争，因此不管上面的指令如何，其他团队此时都正跃跃欲试，争相加入手机游戏时代。

天美工作室收编了其他部门开发的3个小型游戏，又花了7个月的时间制作了一款类似于《英雄联盟》的手游。时间相当紧迫，因为他们发现腾讯另一个工作室"光子工作室群"也在开发类似的游戏，并且几乎和他们同时开始进行游戏公测。

2015年7月，姚晓光带领工作室推出了《英雄战迹》，然而游戏各项数据表现并不理想。实际上，其中一个原因在于，游戏开发期间天美从未获得其他部门太多的支持；另一个原因在于，《英雄战迹》最初推出的版本并没有融入多人在线战斗竞技场游戏成分，而这正是拳头游戏《英雄联盟》取得成功的重要因素。

上午9点，姚晓光团队焦急地盯着用户下载数据。然而，数据并没有如他们预期的那样一路走高，用户反应不冷不热，甚至还给出了大量负面评论。

天美的游戏设计思维是，要求玩家先磨炼技能，增强防御和攻击能力。 这使得玩家失去了原版游戏所带来的兴奋感。玩家习惯了进入游戏之后便能够直接参与厮杀和竞技，摧毁敌人的塔楼。

为了改变局面，姚晓光进行了系统的团队盘点，梳理团队存在的严重的管理问题，并将其总结为"七宗罪"：第一，任人唯亲——团队11名基层组长有10个人来自同一家公司，或者说同一个派系；第二，部分员工晋升为管理者后只做管理不做业务，不再干具体的事；第三，团队层级多，管理效率低下；第四，团队负责人用人不当，多个中层、基层干部无法胜任当前的工作；第五，团队文化与腾讯的核心文化不符，效率低下；第六，在产品设计和运营方面严重缺乏经验，产品的质量保障能力差；第七，更可怕的是，他们自我感觉良好。

游戏代打的出现

姚晓光下令其百人团队修改游戏设计。随后，开发团队取消技能训练，允许玩家直接投入战斗，并且将战斗模式改为5对5，而不再是3对3，以便更好体现多人在线战斗竞技场游戏的原始概念。这意味着需要更多的角色、更高的计算能力和更流畅的带宽，以保证手机游戏有与桌面游戏同样的流畅度。团队将游戏更名为《王者荣耀》，期待能有一个新的开端。

改版后的游戏于2015年11月正式发布。这一次，这款游戏取得了预期的效果。判断一款游戏是否成功有一个关键指标，就是次日、第3日及第7日的留存率。如果一款游戏能在第二天留存50%的用户，第3天留存30%的用户，第7天留存25%的用户，便被认为是成功的。《王者荣耀》在众多竞争对手中脱颖而出，直到第30天，仍维持着55.9%的用户留存率。据预计，直至2022年8月，《王者荣耀》年利润达到30亿美元，贡献了当年腾讯手机端收入的一半以上。

《王者荣耀》在当时还创造出一个不同寻常的指标纪录，即在硬核或战术竞技游戏中，女性玩家比例最高。根据互联网咨询公司极光大数据（Aurora Mobile）的统计，截至2017年5月，《王者荣耀》女性用户占比达54.1%，而同类游戏该数据的平均值仅为35%或更低。

《王者荣耀》大获成功，甚至还催生了一个游戏代打市场。

玩家可以关联微信账号，在微信中共享游戏排名，这个设定在后来成为业界通行的做法。超过2亿名玩家为此着迷，妈妈、学生、办公室职员在闲暇时都争相比较各自的游戏得分。就在那年夏天，突然有许多失散多年的高中同学在游戏上加我，邀请我一起完成游戏任务。在我回国拜访北京的朋友时，在晚餐结束等待餐厅结账期间，众人纷纷拿出手机大战一个轮回，然后喋喋不休地讨论各自的游戏得分。

《王者荣耀》是一款一局在20分钟左右的多人在线战术竞技游戏，5个人组成一队，在虚拟竞技场中攻击对方的防御塔和水晶。这款游戏专为手机开发，符合用户对快节奏和社交的需求。

为了在好友间炫耀，玩家甚至不惜付费请人代打（游戏本身升级并不需要付费），提升游戏等级。我很快发现我的一些微信好友升级很快，很明显这不是他们真实的水平。几番询问之后，他们坦诚自己是请了人代打。

黄志斌就是一名游戏代打人员，当时他26岁，在不到一年时间内，他成功帮助将近200人提高游戏排名。白天，他是一名高铁机械师。晚上，他按照一次性收费2000元的标准，帮助游戏新手在一周内升级到他们梦寐以求的"最强王者"段位。

不停有生意找上门。他一会儿化身为一位30岁的深圳企业主，拼命搏杀到凌晨；一会儿是一名深圳的大学生，在游戏中杀红了眼；一会儿又是25岁的北京白领女性，在游戏中勇猛杀敌。依靠这个副业，黄志斌每月能赚上万元，是他当时工资的2倍多。他说："我的客户白天工作很忙，也并不都擅长打游戏，但他们都不想被好友嘲笑。"

有的客户请他做教练，而有的则直接请他代打。代打需要客户提供微信账号，以便代打人登录游戏。但微信账号涉及很多用户隐私，比如打车、订餐、新闻浏览、数字钱包以及联系人列表。不过，很多人对此并不在意，这些信息对游戏代打人没有任何价值。但如果客户担心微信钱包安全，黄志斌会建议他们设置支付密码，以确保资金安全。

黄志斌有一位客户是身在悉尼的36岁房地产开发商朱先生，他之所以找到黄志斌，是因为他不太会打"刺客"这个角色，希望获得黄志斌的帮助。对他而言，打游戏的目的在于维护社交圈子，这款游戏正好提供了与新添加的微信好友破冰或增进感情的机会。朱先生说："我玩这个游戏纯粹是为了社交。"他有至少6个微信账号，方便管理生意联系人，而"游戏是建立联系最简单的方式"。

然而，游戏代打对腾讯来说意味着危机。《王者荣耀》游戏本身可以免费下载使用，腾讯的收入来自用户付费升级各种特权。当时，腾讯面临的问题是，玩家的资金不再用于购买新的护身符或头像，而流入了代打市场。另外，游戏代打还会影响其他玩家的体验感。

大多数游戏开发商都深知游戏代打的危害。比如，动视暴雪就禁止《魔兽世界》的账户交易。开发商担心的不仅是用户体验，还有自己手握的定价权。《王者荣耀》也采取了类似措施，对违规游戏用户账号予以冻结或禁用。

然而，更多的麻烦接踵而至。

与拳头游戏出现裂痕

在位于洛杉矶的拳头游戏总部，《王者荣耀》的巨大成功引起一片哗然。

作为多人在线战斗竞技场游戏的始创者，拳头游戏错失了加入手机游戏浪潮的良机，当时公司管理层对手机游戏并不感兴趣。

凭借游戏领域的从业经验，拳头游戏认为，《英雄联盟》卓越的桌面游戏体验无法在手机上复现。据拳头游戏员工称，当时公司桌面端业务增长迅速，压根儿都没想过转战手机端。

2017年，天美工作室内部人员向我透露，工作室准备将《王者荣耀》推向西欧和美国市场，直接打入拳头游戏的主场。对腾讯而言，这是一次具有历史意义的事件。这是腾讯第一次推出自主研发的游戏，日后该游戏成为海外市场最赚钱的手机游戏。腾讯在全球舞台上建立了领先地位，已经不仅仅是分销商和投资人，还成了真正的内容创作者。

腾讯表现出向海外市场扩展的野心，计划推出《王者荣耀》海外版，即"Arena of Valor"，营销范围包括土耳其、泰国、法国、意大利、西班牙和德国。为了吸引海外玩家，腾讯不惜重金与华纳兄弟和DC娱乐合作，在游戏中加入范海辛和蝙蝠侠等角色。

路透社援引不愿透露姓名的人士报道，腾讯一度利用《英雄联盟》的知名玩家推广"Arena of Valor"，导致双方关系剑拔弩张。拳头游戏对此提出强烈抗议，因此腾讯不得不将"Arena of Valor"的营销冻结两个月。知情人士对路透社说，拳头游戏还争取到了一项权利，即有权否决腾讯在营销中使用知名玩家甚至其营销方案本身。

终于，拳头游戏于2021年10月发布了《英雄联盟》手机版《英雄联盟：激斗峡谷》。但此时腾讯已经占据手游的大半市场，在中国市场尤其如此。移动应用数据分析公司Sensor Tower公布的数据显示，《英雄联盟：激斗峡谷》在当年第三季度的顶级多人在线战术竞技游戏的手机游戏中仅位列第五。

然而，腾讯和拳头游戏之间的分歧已无法化解。尽管拳头游戏高管高调宣布拳头游戏与腾讯之间的关系牢不可破，但其首席执行官尼克洛·劳伦特（Nicolo Laurent）透露，腾讯从未授意制作手机版《英雄联盟》。也许双方都意识到，修复裂痕对双方事关重大，而其中一个利害关系便是腾讯可以助力拳头游戏打入全球最大的游戏市场。

《部落冲突》

在腾讯看来，自己也需要维持与拳头游戏的良好合作伙伴关系，以便吸引其他初创公司接受腾讯的投资。这些初创公司包括热门手机游戏《部落冲突》制作商超级细胞。2016年，腾讯牵头以86亿美元的价格收购芬兰手机游戏开发商超级细胞，这是有史以来规模最大的海外交易，腾讯因此得到了业内最受欢迎的手机游戏之一——《部落冲突》。腾讯本次收购了超级细胞84%的股份，对超级细胞的预期估值约为102亿美元。

高居排行榜榜首的《部落冲突》是一款塔防类策略手游，游戏中各部落为了争夺资源和土地，进行数次战斗。玩家可以用自己生产、获得和掠夺而来的资源修建村庄，还可以组建或加入部落，参加部落战争，其间可以进行聊天互动。

吸引腾讯的不仅仅是《部落冲突》这款游戏，还有超级细胞这家公司。超级细胞由米科科·科迪索亚（Mikko Kodisoja）和伊尔卡·帕纳宁（Ilkka Paananen）于2010年创立，由一个个小团队或小"细胞"组成。该公司的理念是，由众多细胞组成的公司高效且没有官僚主义。

公司的起步资金源自创始人的投资，以及从芬兰政府的技术资助机构Tekes获取的贷款和商业补助。当时，超级细胞在芬兰第二大城市埃斯波设立了第一个办事处，15人的团队挤在一个面积只有30平方米的狭隘空间，房间内摆放着6张旧桌子和1个咖啡机。

公司在运营大致一年后，不得不作出最为艰难的决定。当时，团队已开始制作跨平台游戏，比如为脸书开发网页游戏。但到2011年，公司已经意识到苹果平板电脑等移动平台才是未来。经过激烈的内部辩论，公司选择终止一切与移动设备无关的产品开发。

当时，公司有一个团队正致力于开发一个代号为"Magic"的项目，项目还没有正式命名。公司转战移动端的决定让团队一时间难以接受。团队一共有5个人，他们已经夜以继日地工作了将近6个月，即将创造出他们认为会令世人惊奇的游戏。然而，事实证明，强制向移动端转型的决定是正确的。因为转型后，这个团队最终开发出了手机游戏《部落冲突》，在正式发布之前，该游戏代号仍为"Magic"。

在制作手机游戏的过程中，超级细胞从众多失败中吸取了很多的教训。最重要的一个教训便是：长痛不如短痛。在这里，任何游戏项目都必须通过一个公司内测环节，称作"Company Playable"，也就是让全公司的人玩这个游戏，只有大家觉得容易上手，想一直玩下去，这款游戏才算过关。

《部落冲突》开发团队总结说："如果一款游戏刚上手就感觉不行或不够吸引人，那么这款游戏肯定是活不下去的。"

为了获得更多的用户，超级细胞尤其注重开发游戏的社交功能。2012年8月，《部落冲突》在全球推出，获得了强烈的反响，验证了超级细胞的做法是正确的。3个月之后，《部落冲突》成为美国最卖座的游戏。

游戏的成功为超级细胞赚取了资金。2013年，由亿万富翁孙正义创立的电信巨头软银集团收购了超级细胞51%的股份，为这家只有130名员工的芬兰工作室给出的估值为30亿美元。这意味着每个超级细胞的员工平均创造了约2300万美元的价值。

赚得盆满钵满的超级细胞开始向全球拓展，分别在日本和韩国设立了办事处。公司团队意识到"在游戏历史上，他们第一次有机会创建一家真正的全球游戏公司"。

而当时，还有另一家科技巨头也在远远注视着这家公司的迅速崛起，那就是腾讯。当时在游戏领域，免费模式还是新兴事物，而超级细胞秉持这一理念，与腾讯不谋而合。因此，刘炽平听闻软银计划出售超级细胞的股份，便认定这是一个千载难逢的机会。

刘炽平不顾自己感冒发烧，长途飞行10个小时到达赫尔辛基，亲自与超级细胞高层接洽。在准备期间，刘炽平花了不少时间玩《部落冲突：皇室战争》。当然，任何处在他这种情形下的人可能都会这么做。他在当时全球高分榜中排名第97位。刘炽平一脸严肃地说："这也是我尽职调查的一种方式，我现在还在玩，只不过那段时间玩得更多一点。"

超级细胞首席执行官伊尔卡·帕纳宁听闻刘炽平的游戏得分后，感到怀疑。他让刘炽平与公司一位游戏得分较高的员工比赛，结果刘炽平赢了。不久之后，超级细胞同意向腾讯出售公司的控股权。

这笔交易成为腾讯标志性的海外收购之一，腾讯因此获得了丰厚的回报。截至2021年5月，即《部落冲突》发行近10年后，该游戏依旧表现强劲。就在当月，游戏销售额飙升79%，而该公司的另一款游戏《荒野乱斗》的国际版销售额飙升了64%。

电竞俱乐部

　　腾讯旗下已经拥有众多的游戏，特别是自主研发的游戏《王者荣耀》，此时是时候打造游戏以外的娱乐帝国了。

　　腾讯的下一步棋自然是进军电子竞技领域。电子竞技让玩家像NBA球员或奥林匹克运动员一样参加游戏竞技比赛。随着《王者荣耀》的成功，一个游戏玩家社区在中国悄然兴起，玩家可以通过社交媒体平台直播游戏和攻略。很多人立志成为职业选手，有朝一日可以参加游戏锦标赛。

　　这一次，马化腾将打造直播电竞业务的重任交给了另一位腾讯的得力干将程武。程武温文尔雅，看起来很有学识，他曾在宝洁公司和谷歌公司工作，所以英语水平还不错。

　　在上海充满未来感的梅赛德斯–奔驰文化中心，腾讯举办的电子竞技赛事正风生水起。近2万人拥入这个形状像不明飞行物的体育场，只为一睹他们最喜欢的玩家的现场表演。这场电子游戏竞技比赛就好像一场现代的大型角斗士表演，多达2.4亿人通过电视、电脑、手机等收看，观看人数是美国职业橄榄球大联盟（NFL）年度冠军赛"超级碗"（Super Bowl）的2倍多。

擂台上的10名选手大多20来岁的年纪，戴着眼镜。而现场几位教练看起来也只大他们几岁。教练们在黑板上用力地做着记录，还不停对着耳机发出指令，有点像喜剧《南方公园》（South Park）中的人物埃里克·卡特曼（Eric Cartman）。在离擂台不远处，坐着选手的父母，为台上的竞技者现场加油打气。

"电子竞技在中国乃至全球都进入了黄金时代，"程武对我说道，"这是中国真正有机会脱颖而出与发达国家竞争的少数几个领域之一。"

这些话在两年后成了现实。2020年，中国超过美国成为全球最大的电子竞技市场，创造了高达210亿美元的收入。然而，程武的雄心抱负远不止于职业游戏竞赛。

腾讯在电子游戏竞技领域的成功依赖于一群初出茅庐的年轻玩家，其职业生涯通常在20岁出头时达到顶峰。

因为腾讯在中国游戏领域占据主导地位，经常招致家长和官方媒体的责难，指责腾讯诱导青少年游戏成瘾。

由于正好赶上电子竞技快速发展的好时代，2018年，23岁的张宇辰由一名业余爱好者成长为一名俱乐部职业选手，其转会身价超过1000万元。

对于大部分职业选手来说，23岁已经是退役年龄，张宇辰却于当年8月作为队长带领电竞国家队出征了2018年雅加达亚运会。他的肢体语言将国家队长的使命感体现得淋漓尽致。说话间，他盯着地板，凌乱的头发遮住了额头，不时用脚上的红色阿迪达斯运动鞋敲打着地毯。

张宇辰的游戏之路并不容易。他在辽宁长大，高一过后就辍学了，之后干过不少工作，包括房产中介。后来，他开始凭借游戏这个爱好赚钱。两年前，他参加职业训练，最开始只是一些轻松零散的训练，而现在训练异常严苛，队员往往头戴耳机，从每天中午训练到次日凌晨5点。

"也许一开始，我们只是在玩游戏，但是之后我们意识到，为了取得成绩，我们需要投入大量时间、精力，训练时间也开始延长，"张宇辰说，"与那些为了休闲娱乐打游戏的玩家不同，职业选手需要花费大量的时间去思考和学习。"

尼尔·埃亚尔（Nir Eyal）和瑞安·胡佛（Ryan Hoover）在《上瘾：让用户养成使用习惯的四大产品逻辑》（*Hooked: How to Build Habit-Forming Products*）一书中写道，游戏之所以会让人沉迷，很大程度上是因为游戏算法会根据玩家的身份和级别进行调整，从而让用户进入一种心流状态，在这种状态下，玩家总是觉得自己可以通过努力达到更高的级别，于是会不断打游戏升级，以获取进步和奖励。

然而，职业锦标赛中没有这些美好的感觉。张宇辰被经纪人发掘之后，便开始走向了明星之路。然而，最开始他参加的都是一些低级别比赛。

腾讯在电子竞技领域的目标是创建一个像NBA一样的职业俱乐部体系。《王者荣耀》建立起了一套完善的全民赛事体系，分职业赛事和非职业赛事。在非职业赛事中，又分设社会赛与校园赛，目前甚至发展为一项国际赛事，一年举办两季世界冠军杯总决赛，其热烈程度堪比国际足球联合会（FIFA）世界杯。

职业俱乐部

在《王者荣耀》竞技比赛的大屏幕上，选手比赛的画面激光交错、行云流水。比赛节奏非常快，通常每局只有大约20分钟。玩家以毫米级精度圈出关键阻塞点，等待完美时刻的到来，团队必须在每3—5秒钟作出一个关键的战略决定，或采取行动，或作出反应。

到张宇辰这个层次，游戏已经变得模式化了。超过70%的时间他都在观察和研究竞争对手。作为一名优秀的队长，他需要了解坦克、战士、刺客、法师、射手等所有角色。

张宇辰打的每一局比赛，背后都有一支超过10人的支持团队，包括俱乐部教练、数据分析师、体能训练师以及心理师，他们同心协力，力争最大限度地提升选手表现。而游戏的每一次微小调整都会对选手的表现产生巨大的影响。《王者荣耀》开发团队不断修改设计，引入新元素，以达到留存用户的目的，有时候会一次性修改20个游戏角色的武器、技能参数以及地图。张宇辰则需要随时掌握这些变化。对他来说，跟进和预测游戏改进，了解游戏开发者何时会增加什么角色，可以帮助提升战队的团队增益，这一切就像诗歌和艺术一样。

"任何微小的游戏变化都会对选手表现产生影响，"张宇辰说，"我们每个人都在不断地学习，即使是非常有经验的选手，有时候都需要从零开始。"

投资者在电竞领域嗅到了巨大的商机。2018年，全国至少有1万支游戏队伍获得了不同程度的赞助，尽管《王者荣耀》职业联赛的最终席位只有12个。

在国内，电竞俱乐部的投资规模堪比欧洲足球锦标赛，顶级电竞俱乐部每年可以获得至少2000万元的投资。

随着国际奥委会考虑将电子竞技纳入比赛项目，电子竞技正引发投资者更多的热情。

在《王者荣耀》职业联赛中，成千上万的俱乐部争夺最终的12个席位。如果某个团队遭遇降级，那么所有的投资都会化为乌有。腾讯互娱天美电竞中心总经理、《王者荣耀》职业联赛联盟主席张易加表示，新的赛事体系消除了投资者和俱乐部所有者的上述担忧。

要了解中国的电子竞技业务牵涉的巨大利益，只需要看看中国赢得《英雄联盟》世界冠军时的情形便可知一二。短短一周内，在由腾讯控股的视频平台哔哩哔哩上，比赛的累计观看次数超过1500万次。全国上下，大学、网吧，中国队粉丝的欢呼声不绝于耳。窗户里四处传出呼喊的声音，兴奋的人们挥舞旗帜，高喊口号，有人甚至不惜裸奔庆祝。

娱乐帝国

在电竞之外，程武对腾讯的娱乐业务有着更大的抱负。他设想建立一个类似漫威宇宙的模式，可以将在动漫和图书方面的知识产权转化为电影、游戏，反之亦然。

程武在背部手术恢复期间找到了灵感。因为长时间坐在办公桌和电脑前，他的脊柱出了问题。在手术恢复期间，他读完了一部2008年出版的系列冒险小说《藏地密码》。小说以西藏为背景，讲述了主人公为追查藏獒紫麒麟的下落，在命运安排下开始寻找失落宝藏的故事。全书共10册。随后，腾讯影业购买了小说的电视剧和手游制作权，还打算将小说拍成电影。

截至2016年，腾讯已购买至少300部日本动漫的特许经营权，力争发展成为像DC娱乐和迪士尼一样的全球多媒体品牌。其中最著名的是一部是后来由腾讯改编成手游的《火影忍者》。除此之外，腾讯还着力培养数亿用户阅读、观看视频和玩游戏的习惯。

程武则继续在好莱坞及其他电影创意与制作公司中寻找潜在的投资

目标。腾讯投资的一系列经典电影大片包括《魔兽争霸》《黑衣人：全球追缉》《毒液：致命守护者》《金刚：骷髅岛》《壮志凌云：特立独行》。

程武说："与好莱坞公司合作时我们将投入更多。特许经营电影——科幻、喜剧和冒险类——适合腾讯影业和中国电影观众。中国文化的很多元素都能拍电影，并被全球观众接受。"

音乐流媒体

腾讯的整体娱乐战略并没有止步于电影领域。

腾讯开发了类似于声田的音乐流媒体服务，由在香港独立上市的腾讯音乐娱乐集团运营，该集团在鼎盛时期市值达30亿美元。声田是全球最大的正版流音乐服务商。音乐流媒体业务在中国一度被认为是赚不到钱的业务，然而截至2021年6月，仅仅3个月内，该集团便实现了盈利，并创造了超过10亿美元的收入。

就在公司上市之前，我有机会与时任腾讯音乐娱乐集团副总裁的吴伟林近距离交谈，了解了公司的市场拓展计划，以及在本土甚至全球范围内声田与其他音乐流媒体商抗衡的策略。

吴伟林是地道的香港人，待人和蔼可亲。他于2011年入职腾讯，之前在诺基亚公司负责与内地唱片公司打交道，沟通版权等事宜。那时，腾讯还没有打造出如今的合法音乐发行平台，而内地盗版盛行，很多网站都可免费下载音乐。

入职一周后，他首次参加QQ音乐员工大会。令他惊讶的是，公司法务部同事也参加了会议，给了他一份名单。当时，吴伟林下巴都快吓掉了——至少有24家唱片公司起诉腾讯侵权。他后来回忆说："我当时的第一反应是，加入腾讯是不是一个错误的决定？"

吴伟林很快便证明，腾讯聘请他是一个英明的决策。作为业内资深人士，他与众多提起诉讼的公司之前都建立了良好关系。他给每个唱片公司的版权负责人打电话，请他们推迟诉讼，给他两周时间，会给对方一个完美的解决方案。他做到了，两周后，他起草了平台与唱片公司合作的方案，如约处理了所有版权问题。

吴伟林很快有机会让腾讯知道了自己的愿景。马化腾要求他汇报来年的重要工作计划，他作出了一个大胆的预测：音乐发行行业正处于范式转变的风口浪尖之上，盗版最为猖獗的国家往往也是付费音乐服务最早盛行的国家。音乐盗版在瑞典和韩国同样十分猖獗，但这两个国家早早就进入了用户付费听音乐阶段。吴伟林预测中国也会如此。但随着版权诉讼数量增多，许多公司选择放弃内地音乐市场，这样做会让他们付出代价，但腾讯是时候全力以赴了。

吴伟林回忆，他当时对腾讯决策层说："我认为，所有人都想要放弃这个市场的时候，就是我们进军音乐领域的时候。然而首先，公司必须要调整心态，盗版问题没解决，就莫谈商业模式，也莫谈收入。"

这对腾讯来说无异于一次灵魂拷问。吴伟林建议腾讯至少4年内不要考虑靠音乐盈利。对于这个建议，腾讯决策层爽快地答应了，他们让吴伟林与唱片公司大量签约。于是，吴伟林跑遍全世界，说服知名唱片公司与腾讯合作。3个月内，他至少成功签约了8家公司，包括华研国际音乐股份有限公司（HIM International Music）、周杰伦旗下的杰威尔音乐有限公司（JVR Music）以及华谊兄弟，这实属不易。

"如我所说，多年来，腾讯、阿里巴巴、网易、百度，很多公司并没有特别注意版权问题，不能一下子就说腾讯要独善其身。这样我们会面临来自唱片公司的质疑——'我凭什么相信你？'。"

对于这一点，腾讯有几个战术优势——它是第一家主动与唱片公司接触的企业，而且由于吴伟林与唱片公司的良好关系，腾讯更加容易赢得对方的信任。

当时，腾讯已经凭借其强大的发行力成为游戏业的霸主，并建立起了一支强大的律师团队，有能力运用法律武器对抗侵犯其付费内容版权的公司。而吴伟林将这个律师团队扩容4倍，达到20人之多。仅在2013年，他们就发出了2000份律师函。

次年，腾讯的制裁目标瞄准了其音乐业务上最主要的竞争对手网易——起诉网易侵犯其音乐著作权，要求对每首侵权歌曲赔偿10万元。当时，腾讯拥有大约20家唱片公司的独家音乐发行权，按这样计算，赔偿金额将是天文数字。网易已经在美国上市，陷入版权纠纷很有可能导致其股价暴跌。

于是，网易创始人丁磊向马化腾求和，提议网易对腾讯进行象征性补偿，自此之后网易便开始从腾讯获得转授权，这实际上为整个行业设立了一个范本。

吴伟林说："我的观点是，只要我能让其中一个在线门户网站合法运作，那么其他在线门户网站就会逐渐加入。"

事情真如吴伟林所预料。很快，包括阿里巴巴在内的其他市场参与者开始从腾讯获得转授权。阿里巴巴在两年内下架了200万首牵涉版权问题的歌曲。

这也为腾讯最终独霸音乐市场奠定了基础。

版权问题解决后，腾讯终于准备开始探索可行的商业模式。在认真分析声田平台的内容后，腾讯得出结论：为了让中国用户产生付费意愿，平台需要提供更加多样化的内容。当时，腾讯的标志性音乐软件QQ音乐提供音乐订阅服务，允许用户将音乐下载到自己的设备上，还提供优先购买音乐会门票等特权。同时，QQ音乐还销售音乐数字版专辑，以吸引更多用户付费，并逐渐将其转化为订阅用户。截至2021年，腾讯的音乐业务拥有7100万名付费用户，接近声田的一半。

腾讯音乐娱乐集团在中国市场取得的主导地位挫败了声田在中国拓展的决心。此外，这家瑞典流媒体巨头缺乏本地音乐版权，而根据对中国用户进行的市场偏好调查，偏好本土音乐的用户占80%。不过，当时声田正在准备首次公开募股，投资者们希望了解声田的中国战略。另外，除了东南亚之外，腾讯基本尚未进军全球市场，这给了两家公司很好的合作理由。

基于上述考虑，双方进行了会谈。腾讯高管刘炽平与声田创始人丹尼尔·埃克（Daniel Ek）通了电话。当时，已担任腾讯首席战略官的詹姆斯·米切尔还与声田时任首席财务官巴里·麦卡锡（Barry McCarthy）进行了交谈，两个人在高盛任职时就已经相识。

麦卡锡建议双方于2017年夏末在"中间城市"伦敦面谈，为此米切尔不得不长途跋涉，从香港飞往伦敦。

他们在高盛总部召开了非常简短的会议。米切尔早上6点到达伦敦，会议从早上9点开始，到早上9点7分结束。麦卡锡在网飞与工作室打交道时，经历过非常艰难的谈判。声田决绝的讨价还价最初让腾讯感觉合作希望渺茫，特别是后面声田在给出报价后，表示再也没有议价空间了。

然而，米切尔并没有打算放弃。有一次，在乘船从缅甸仰光到曼德勒途中，手机没有信号，他得以仔细思考，想出了一个绝佳办法。他提议双方进行股权置换，如此一来，可以安抚声田，对双方而言都有利可图。由于下一周便会在纽约召开投资者会议，米切尔便特意安排与声田负责并购的希拉·斯宾塞（Sheila Spence）会面。

两个人在纽约连续3—4天会面，会面时间往往在早上8点之前，或者下午6点之后，讨论并协商恰当的互换比例。会面取得了预想的效果，2017年12月，腾讯音乐娱乐集团与声田宣布相互投资。声田将持有腾讯音乐娱乐集团8.9%的股份，而腾讯及其音乐部门将持有声田约9%的股份。这为双方进一步合作打开了大门，包括在各自平台共享音乐内容方面的合作。一年后，腾讯音乐娱乐集团成功赴美上市，并在2018年融资约11亿美元。

但那个时候，马化腾和团队几乎没有时间庆祝，因为他们即将面临一次最大的挑战。

chapter

第十一章

灵活的巨头

11

美国的阻挠

2018年4月前后，腾讯员工听到风声，说相关部门可能出台政策，暂停审批电子游戏版号。听闻此消息，大家忧心忡忡。腾讯代理的游戏在市场上非常受欢迎，冻结游戏版号，意味着公司将蒙受巨大的经济损失。此外，当时腾讯刚刚获得手机版《绝地求生》在中国的经营许可权。

传言并不虚，国内电子游戏版号果真遭到了冻结，其原因在于电子游戏中的暴力因素以及青少年游戏成瘾等问题引发了政府的关注。官方还公开批评腾讯游戏导致儿童近视现象频发。然而，冻结游戏版号对整个国内游戏市场无异于一个重大打击。

当时，国内所有游戏在上市前都必须经过两个审批流程。首先，需要在文化和旅游部备案，确保游戏中没有敏感内容。其次，由国家新闻出版署发放游戏版号，批准相关游戏出版运营。获得游戏版号是游戏商业化的前提，审批部门责令游戏公司对过于暴力、色情或其他不当内容进行整改。中国与其他国家在这方面有所不同，比如在美国和日本，政府允许游戏制作公司自行推出作品，但行业机构会基于游戏中使用的语言和涉及的暴力对游戏进行评级。

于是，腾讯代理的游戏《绝地求生》卡在了审批环节。文化和旅游部通过了备案，数百万用户下载了手机版《绝地求生》，但由于无法获得游戏版号，腾讯后续无法向用户收费。另外，游戏《堡垒之夜》也遇到了同样的问题。《堡垒之夜》的电脑试用版虽然通过了审批，却没有获得游戏版号。

当一些小型游戏企业在企业财报公布后的会议上提醒投资人留意政策变化时，注资腾讯数十亿美元的全球投资企业和基金却全然没有意识到情况的严重性，彭博社曾对此进行了报道。

这场突如其来的变故导致腾讯在纽约市场的股价一天之内下跌了10%。受此影响，日本游戏企业乐线（NEXON）和科乐美（Konami）等股票价格也大幅下跌，它们都曾依靠腾讯强大的发行能力在中国赚得盆满钵满。

这一事件凸显出全球投资圈与中国企业发展实际情况的脱节。在国际上，腾讯获得了国际投资基金最大份额的投资，全球的各种养老金计划和涉及数十亿美元的退休金计划都与腾讯的业绩休戚相关。

在很多投资者看来，腾讯代表着整个中国和中国的科技产业。从某种角度上讲，投资者之所以押注腾讯，正是由于他们相信腾讯有能力在政策法规的监管下游走。在游戏版号冻结政策出台之前，中国有10亿名互联网用户，他们对在线娱乐需求巨大，因此此时投资腾讯非常明智。说得再明白一点，将资金投入一家在本国游戏和社交媒体领域具有垄断地位的企业是英明的抉择。

然而，我在彭博社从事中国科技报道工作多年，逐渐意识到的一点是：对于中国互联网行业潜伏的政策风险，分析师和投资者要么选择盲目乐观，要么故意视而不见。投资者实际上很少关注政策制定者，而更多地关注对行业和企业的分析和预测。即便是腾讯已经宣布政府冻结了游戏审批，《绝地求生》将无法创收，彭博社对52位市场分析师的调查过程中，却仅有一位分析师表示对腾讯的发展前景不乐观。

在国际投资机构的财报公布后召开的会议上，大家往往众口一词祝贺管理层取得了"出色的业绩"，却只字不提投资面临政策风险已成为一种常态。

无人知晓事态将如何发展。

2018年第二季度，腾讯的利润出现至少10年以来的首次下滑，其中一部分原因是《绝地求生》等最受欢迎的游戏无法商业化。为了应对政策变化，腾讯不得不大刀阔斧地进行变革。

腾讯采取的第一个举措便是限制未成年用户的玩游戏时间。从当年9月开始，腾讯最火爆的手游《王者荣耀》要求玩家实名注册，并验证年龄和身份信息。

腾讯还对《绝地求生》实行本土化。在原来的游戏中，原本是100名玩家相互厮杀，最后只有1名玩家胜出。腾讯将游戏内容改编得更加健康、更富教育意义。改编后的情节是爱国战士进行训练演习，这是在向中国空军致敬。而《和平精英》则沿袭了《绝地求生》的游戏设置。两款游戏界面和功能相似，还可以实现账号数据的迁移。

腾讯精明地清除了游戏中的暴力成分，比如血液统一从红色变为绿色，游戏中到处是体现爱国主义的标语，玩家也不会以惨烈的方式死亡，而是愉快地挥手离去。游戏的最终胜出者也由1位调整为5位。

然而，这一举动引起了游戏圈的强烈不满，移动应用数据分析公司Sensor Tower公布的数据显示，在游戏发布之后1周内，苹果中国应用商店上超过80%的游戏评论都是负面的——游戏玩家反对尴尬的音效和对于暴力的粉饰。一位玩家评论道："作为资深玩家，我觉得这款游戏还算可以玩，但给人一种很怪的感觉。"另一条评论写道："还我刺激。"还有人写道："删除游戏内容太过分了。"

最重要的是，腾讯用蛋糕取代了《绝地求生》原版游戏中自带"笑梗"的鸡肉晚餐，作为给幸存者的战利品。

但这个举措取得了预期的效果，腾讯取得了梦寐以求的游戏版号——《和平精英》在2019年5月发行。由于市场上没有太多的竞争者，游戏上市仅5天，就为腾讯带来了2000万美元的收入。当时，"饥饿游戏"风格风靡一时，《和平精英》作为同类游戏，迅速为腾讯获取大量用户，带动日渐低迷的腾讯高速发展。

接下来，腾讯发展中的另一个阻碍出现了。

经过20年的不懈努力，特朗普终于赢得了美国大选。而与此同时，美国也最终意识到中国科技行业与日俱增的影响力。2019 年6月，美国参议员马可·卢比奥（Marco Rubio）开始质疑美国基金对中国互联网行业数十亿美元的投资行为。

更确切地说，卢比奥对摩根士丹利资本国际（MSCI）提出了质疑，摩根士丹利资本国际新兴市场指数的基准资产约有1.8万亿美元，而摩根士丹利指数在一年前将数百只中国股票纳入其基准新兴市场指数，导致数十亿美元的被动投资资金流向中国企业。

卢比奥警告说，中国在地缘政治领导力方面已经开始对美国构成威胁，美国对中国投资方应当更为谨慎。他曾为此发文称："我们要阻止中国政府继续通过美国和国际资本市场获利。"

卢比奥还说："诸如摩根士丹利资本国际这样的企业有义务确保投资者知晓他们投入的资金有没有无意中助长中国国有和国家控股的企业的发展，并进一步构成对美国国家和经济安全的威胁。"

对此，摩根士丹利资本国际进行了反驳，其首席执行官亨利·费尔南德斯（Henry Fernandez）在一封信中反驳道："目前美国的法律法规并没有禁止指数公司将中国A股纳入指数，也并没有禁止美国投资者在中国A股市场进行交易。"

在卢比奥发表上述言论的同时，特朗普本人及其政府也加强了对美国同中国科技公司之间的关系的审查。美国将中国电信设备巨头华为列入了黑名单，认为其对美国国家安全构成了威胁，并切断了美国供应商的供应。华为对此提出质疑，要求美国法院推翻联邦通信委员会（FCC）的裁决。华为在一份文件中称，美国联邦通信委员会的裁决"武断且反复无常，没有任何实质性证据做支撑"。

中美两国之间的关系日益紧张，在国际投资领域尤甚。美国政府突然顿悟，中国已经发展成为在5G网络、金融技术和人工智能领域足以与美国抗衡的一股重要力量。

然而，从某种程度上来说，中国的发展也离不开美国，正是美国的投资者为中国前所未有的数字革命助力。中国科技巨头成功的背后，有来自美国退休基金的支持，这是美国普通老百姓压箱底的钱，由大的基金统一管理，其背后零散的每一分可能来自美国得克萨斯州的教师、旧金山的消防员、明尼苏达州的警察或者路易斯安那州的法官。

这一模式已维系超过20年之久。在美国，从加利福尼亚州到新泽西州的养老基金，以及各大学的捐赠基金，都流向风险投资基金和私募股权公司。这些风险投资基金和私募股权公司都在全球范围内寻找最佳的投资机会，而它们成功地在中国淘到了金。

令许多人惊讶的是，90%以上的美国基金会和大学捐赠基金与中国有关联。这些投资，例如与中国指数关联的投资，很难从中国市场抽离出来。

美国投资机构更向中国初创企业投入了大量的资金，让情况变得更为复杂。老虎环球管理基金是全球最大的投资基金之一，投资了众多市场价值10亿美元以上的初创企业，其中占10%的独角兽企业在中国。全球知名技术洞察与数据智库研究机构CB Insights于2021年公布的数据显示，总部位于纽约的对冲基金蔻图资本（Coatue Management）投资的独角兽企业中，中国公司占22%，而高盛投资的独角兽企业也有18%在中国。

事实上，美国投资者是中国首次公开募股热潮的最大获利者之一。如果某投资人在2005年8月百度首次公开募股期间认购了1万美元的百度股票，到2020年6月，这笔投资将增值到42.2万美元以上，为投资额的42倍以上。如果某投资人在2003年携程首次公开募股时认购了1万美元携程的股票，则将净赚120万美元。

总而言之，在2004年至2020年间，纽约梅隆银行（BNY Mellon）中国ARD指数上涨了351倍，标准普尔500指数上涨了195倍。

这种模式运行了20年之久。来自美国的资金源源不断地流向中国这一全球最大的互联网市场，投向一个个中国互联网行业初创企业。美国私募股权和风险投资公司都希望这一模式能够持续下去。

眼见中美紧张关系日渐加剧，腾讯竭尽所能远离各种纷争，马化腾也几乎淡出了公众的视野。然而，腾讯在国内外互联网行业的实力已不容小觑，意图在中美贸易战中独善其身几乎是不可能的。

2019年10月，一位NBA的高层官员在互联网上发表了涉及香港的不当言论，遭到中国网民的强烈批评。央视体育频道随即宣布暂停转播NBA赛事。这一事件一时间将腾讯推向风口浪尖。

当时，腾讯刚刚与NBA签订了为期5年、价值15亿美元的协议，获得在中国国内网络转播比赛的版权。在刚刚过去的上个赛季，全球观看NBA比赛的球迷有近50亿人。在央视体育频道宣布暂停转播NBA比赛之后，腾讯也不得不暂停了NBA比赛的网络转播。

腾讯持有魔兽世界工作室动视暴雪的一部分股份。当时，因为一名电子竞技选手在现场直播时发表不当言论，动视暴雪暂停了该选手的参赛资格，由此引发了一场网络风波。

埃匹克娱乐创始人蒂姆·斯威尼发文对动视暴雪暂停竞技选手资格一事提出质疑，由此引发了中国爱国人士对埃匹克娱乐旗下游戏《堡垒之夜》的大规模抵制。网友进而将矛头直指腾讯。

腾讯同时还面临美国的责难。无论是美国青少年游戏玩家，还是入选NBA名人堂的球员沙奎尔·奥尼尔（Shaquille O'Neal），纷纷指责腾讯限制玩家玩游戏的权利。

中美关系日趋紧张。2020年5月，美国参议院以压倒性的方式多数通过了《外国公司问责法案》（*Holding Foreign Companies Accountable Act*），导致中概股企业在美国证券交易所面临着退市风险。法案由来自美国路易斯安那州的共和党参议员约翰·肯尼迪（John Kennedy）和来自马里兰州的民主党参议员克里斯·范·霍伦（Chris Van Hollen）共同提出，美国参议院一致通过。依据该法案，在美国证券交易所上市的公司需要声明其不由任何外国政府拥有或控制。

这场争斗的焦点在于中美两国在企业监管方面的分歧。在中国现行制度下，未经中国政府允许，美国上市公司会计监管委员会（Public Company Accounting Oversight Board）不能审查在美国证券交易所上市的阿里巴巴、百度等中概股公司的审计底稿。这个问题已经困扰美国多年。而美国此次行动的导火索，是备受瞩目的中概股美国上市公司瑞幸咖啡（Luckin Coffee）的财务造假丑闻，此次事件让美国监管机构开始再次强调增加信息披露透明度，以规避投资者投资风险。

新法案要求在美国证券交易所上市的公司声明其不受任何外国政

府拥有或控制，且若上市公司会计监督委员会连续3年未能对相关公司作出审计，并确定该公司不由任何外国政府拥有或控制，则相关公司将被禁止交易且被撤销上市地位。尽管上市公司会计监督委员会不是政府机构，但受美国证券交易委员会（Securities and Exchange Commission）监督。

新法案的通过在中国市场引起了连锁反应，其中科技公司股票价格受影响最大。当时，面临美国市场退市风险的中概股公司总市值超过2万亿美元。

那么，问题来了，美国市场一直以来是中国初创企业的重要资金来源，一旦这条融资渠道断裂，成千上万的中国初创企业将何去何从？

答案显而易见，转向香港市场融资。香港一直以来被视为亚洲金融中心，也被看作中国经济奇迹的重要支撑力量。非营利机构韩礼士基金会（Hinrich Foundation）的一项研究显示，香港一向是内地最大的单一资金来源。自1985年到2014年，内地接受的境外投资有47%来自香港。有学者认为，俄罗斯经济停滞不前的一个重要原因便在于没有一个自己的金融中心与全球资本接轨。

然而，特朗普也有意对美国的竞争对手发难，一个主要目标便是腾讯的微信国际版。2020年9月，特朗普政府指出微信国际版威胁美国安全，宣布在美国禁用。腾讯则表示准备就美国商务部发表的声明，与美国政府就此事共同商讨长期解决方案，但拒绝进一步评论。

马克·扎克伯格加入这一舆论阵营。马克·扎克伯格在向美国国会做证时接受共和党代表帕特里克·麦克亨利（Patrick McHenry）的提问，被问及腾讯旗下的微信支付是否构成与脸书的竞争，以及脸书为何没有开发自己的支付功能。

马克·扎克伯格回答说："我非常赞成您的观点，微信支付显然已与本公司构成竞争，不仅如此，在相关领域与所有美国公司构成了竞争。"

美国华人群体一片哗然，其中很多人是微信的忠实拥护者，他们急于在禁令生效之前下载应用程序。根据移动应用数据分析公司Sensor Tower提供的数据，2020年9月18日，微信在应用商店的下载量激增，成为美国下载量排名第100位的应用程序。在此之前，其在苹果应用商店中的下载排名在第1000位和第1500位之间。

腾讯在美国面临的危机还在加剧。特朗普签署行政命令，禁止美国公司与微信交易，这意味着微信将失去第三方服务支持，用户将因此面临程序运行速度变慢以及程序故障等问题。

然而，具有讽刺意味的是，位于旧金山的北加州联邦法院法官裁定否决了特朗普的行政命令，从而中止了特朗普针对微信的计划。之前有微信用户向联邦法院请愿，称使用中文的在美华人群体非常依赖微信，而总统签署的禁令侵犯了这一群体的言论自由权。

该法官在裁决中这样说："微信是使用中文的在美华人和美籍华人群体的虚拟城市广场，并且（实际上）是他们唯一的交流工具。"因此，法官认定政府提供的有关微信构成对美国安全威胁的相关证据不足。

事态的突然扭转令许多中国人惊奇。一家知名美国基金的中国经理告诉我说："这表明美国有一个强大的自我纠正体系。"

特朗普此举可能意在为赢得下一届总统大选做最后的准备，却以失败告终。几个月之后，特朗普在大选中失利，不得不交出权力。

美国的相关举措显得居心叵测。如果将中美两国之间的较量比作一盘三维国际象棋，那么一旦这盘棋继续下去，必将让蓬勃发展的科技行业元气大伤。要知道过去10年来，科技行业刚刚经历了前所未有的迅猛发展，造就了数十万个就业机会以及数十亿美元的财富。

特朗普对中国企业的打压迫使中国政府发声，指责美国针对微信的相关举动为"经济霸凌"。这同时也传递出一个信号，即中国政府将大力支持中国互联网企业。

在接下来的几个月中，似乎也确实如此。

粉碎金融科技

2020年初，我采访了一部分中国最大的互联网公司的高管，其中一些人半开玩笑地说，美国的打压给了他们新的机会。就在一年前，国内着手整治游戏成瘾问题，对腾讯的游戏业务和其他互联网公司的相关业务造成了一定的影响。如今，在利好政策的推动下，国内互联网公司又得以蓬勃发展。

在美国打压中国公司，以及中国香港作为国际金融中心的地位岌岌可危的背景下，阿里巴巴创始人马云也看到了一个绝佳的机会。

大致从2020年中开始，消息人士称，阿里巴巴正在谋划上市其旗下的金融科技公司蚂蚁集团。蚂蚁集团是支付宝的母公司，也是阿里巴巴的重要资产，有望破公开募资纪录。于是，在接下来的几个月中，我们对金融界盛传的各种消息进行追查和分析，终于在当年7月确定，蚂蚁集团计划同时在香港和上海的科创板上市。

阿里巴巴此举正好符合当时的政策导向：一方面，蚂蚁集团选择香港进行首次公开募股可以巩固香港的世界金融中心地位；另一方面，在当时国家刚刚新设科创板的背景下，蚂蚁集团策划在上交所科创板上市，将成为中国科创板的首次重大交易。

事实上，此次上市计划也让蚂蚁集团的创始人感到无比自豪。当时，我采访了一位集团高管，他极力称赞此事，将其誉为"全球资本流动的一个分水岭"。想当年，阿里巴巴创始人不得不跑遍7个城市（包括美国的堪萨斯城），竭力说服投资人参与阿里巴巴的首次公开募股。而如今，他们再也不用这么大费周折。

蚂蚁集团的整个路演流程仅仅用了几天时间，主要通过Zoom进行，所筹集到的资金有80%以上来自境外，资金来源包括中国、中东、欧洲和东南亚等地，而来自美国投资者的资金仅略高于其他来源的10%。

蚂蚁集团首次公开募股异常火爆，全球投资者纷沓而至，努力展现自己的实力，表达长期投资的意愿，央求蚂蚁集团的高管给予配股。据估计，仅在中国香港地区，就有近1/5的人认购了蚂蚁集团股票。

蚂蚁集团计划首次公开募股完成350亿美元。这对马云来说，是一个无比荣耀的巅峰时刻。此次首次公开募股一旦完成，创立20年之久的阿里巴巴的市场估值将超过3000亿美元，而马云的个人财富将超过610亿美元，这也将进一步巩固他全国首富的地位。

首次公开募股进展如此顺利让马云引以为豪。2020年10月在上海举行的上海外滩金融峰会上，马云自豪地宣布，当前正处于中国金融发展的"最关键"时期。

然而，事情在接下来发生了变化，相关部门出台的有关反垄断和防止资本无序扩张的措施让阿里巴巴引以为豪的首次公开募股计划戛然而止。

就在蚂蚁集团计划上市的前几天，这次全球最大规模的首次公开募股计划被叫停。中国证券监督管理委员会约谈蚂蚁集团有关人员，督促指导蚂蚁集团按照市场化、法治化原则，落实金融监管、公平竞争和保护消费者合法权益等要求，规范金融业务经营与发展。

在约谈过程中，相关部门表示，将进一步加强对民营企业的监管，并提高对企业的最低资本要求。尽管约谈内容并没有涉及蚂蚁集团的首次公开募股计划，但整个事态已经表明该计划有可能遭搁置。

此次约谈让蚂蚁集团和投资人都十分焦虑，他们希望能得知监管部门的进一步举措。尽管相关政府官员在接受采访时都表示，尚不知道此次约谈会不会影响蚂蚁集团的首次公开募股计划，然而中国证券监督管理委员会网站随后就本次监管约谈发布了一则官方新闻，引起来自香港、纽约等地的全球投资者一片哗然。

2020年11月3日下午，坊间开始流传蚂蚁集团暂缓上市的传闻，投资人情绪紧绷。当天晚上8时左右，上海证券交易所致电蚂蚁集团，告知暂缓蚂蚁集团在上交所科创板上市。

就在1小时之后，当晚9点，中国证券监督管理委员会发布官方公告，称"监管政策环境发生重大变化"，但并未透露具体细节。

在当天更晚些时候，中国证券监督管理委员会与蚂蚁集团投资人会面，会面中提到，基于11月初生效的一系列针对金融公司的监管新规，蚂蚁集团需要增加资本并获取新牌照，方能符合上市条件，但并没有就何时重启蚂蚁集团首次公开募股予以说明。

从事情的发展来看，蚂蚁集团的上市计划暂缓预示着监管政策的大幅变化。

一周之后，中国市场监管总局发布了长达22页的反垄断指南，旨在控制互联网巨头公司的垄断行为。随后，中国高层于12月提出，要"强化反垄断和防止资本无序扩张"，这传递出一个信号，即相关部门将加强对民营企业的监管。

　　蚂蚁集团暂缓上市让投资者大失所望。然而直到 2020 年底，投资者才意识到，此次事件并非单单针对蚂蚁集团，而是旨在整顿整个国内互联网金融行业。

整顿金融科技行业

来自美国的麻烦也从未休止。2020年11月，美国再次威胁要让中国企业退出美国市场。美国证券交易委员会称，如果中国企业不能遵守美国的审计规则，美国方面将考虑年底前强制中国公司从美国证券交易所退市。

当时一位国内互联网企业创始人告诉我："突然之间，我觉得中国的互联网公司受到双重打击，腹背受击，没有片刻喘息的机会。"

在接下来的几个月内，更多的细节浮出水面。人们逐渐意识到，蚂蚁集团暂缓上市只是一个开端，一次分水岭事件，是国内针对互联网行业整顿的开端。

多年来，国内金融科技企业积累了庞大的客户群体，在中国资金流动和互联网金融当中发挥着日益重要的作用，同时也对监管机构提出了更大的挑战。蚂蚁集团是国内金融科技行业的龙头企业，自然也是行业整顿的首个目标。而在接下来的几个月里，监管新规将波及腾讯和一大批企业，它们都将面临全面的业务整改。

中国新一代金融科技企业一方面为数亿名用户提供了更加便捷、更加触手可及的金融服务，而另一方面也存在一些不合规行为，损害了国家的金融基础设施稳定。

在整顿行动中，包括反垄断监管机构和网络管理部门在内的国内其他监管部门也开始超速运转。

2021年2月，国务院反垄断委员会制定发布《关于平台经济领域的反垄断指南》，该指南起草时间历时3个月，最终确立了旨在遏制整个互联网领域垄断行为的新规则。2021年4月，监管机构对阿里巴巴处以182.28亿元的罚款，指控阿里巴巴存在垄断行为，勒令其全面整改。

国家市场监督管理总局还查处了多个企业在线零售业务中存在的低价倾销行为，处罚了国内最大的按需配送平台美团，以及国内市值第二大电子商务企业拼多多。

互联网金融行业的整顿全面展开，震慑了依靠互联网行业蓬勃发展而发家致富的企业家。众多身价上亿元的科技行业企业家逐一辞去首席执行官或董事长的职务，转而大量捐助慈善事业。美团点评创始人王兴将价值27亿美元的公司股份捐给了自己的慈善基金会，旨在促进科学研究和教育发展；拼多多创始人黄峥向某教育基金捐赠18.5亿美元；美的创始人何享健捐赠的资金超过9.75亿美元；恒大集团创始人许家印捐赠3.7亿美元用于扶贫和改善医疗条件。

整顿过程中，资本市场的反应有点出人意料，由于新冠疫情后政府推行经济刺激计划，金融市场持续飙升，创下历史新高，由此推动了一次首次公开募股热潮。中国初创企业意识到市场寒潮即将来临，于是视当前为企业上市的最后机会窗口，从而加速企业发展，其在美国市场的估值总体上依然高于中国香港市场。

前所未有的处罚

在此次整顿浪潮中，国内最大的网约车公司滴滴出行也成为整顿对象。滴滴出行由腾讯控股，先前与滴滴出行业务类似的"嘀嗒出行"试图在中国香港上市，却迟迟不能过审。于是，滴滴出行选择了赴美上市。对于网约车公司而言，其很大一部分业务都处于灰色地带。国内对司机、车型和司机驾照审核要求相当严格，网约车平台司机必须具有本地户籍，并且实名登记。然而，由于乘客需求量巨大，网约车平台仅雇用具有本地户籍的司机并不现实。尤其是在北京和上海这样的大城市，招聘具有本地户籍的司机更加困难。依照香港证券交易所规定，如果企业业务不完全符合当地法律法规的要求，则需提供主要监管机构的官方许可，而这个要求基本上是不可能达到的。

相比之下，美国市场在合规方面的要求相对宽松，美国证券交易委员会并不将企业完全遵守当地法律作为其上市前提，仅要求企业披露投资风险。知情人士向我透露，这也是滴滴没有选择在香港上市而选择在纽约上市的原因。

乍看滴滴出行在美国的首次公开募股确实取得了巨大成功，2021年6月，滴滴出行成功筹集资金44亿美元，成为继阿里巴巴之后中国公司历史上规模最大的首次公开募股事件。滴滴联合创始人程维摇身一变成为亿万富翁，滴滴出行的长期投资方软银集团、老虎环球管理公司以及腾讯均获得了丰厚的回报。

然而，随后情况急转直下，就在滴滴在美国上市两天之后，国家网信办发布通报，要求各应用商店下架滴滴出行相关应用程序。这表明，滴滴的上市之路任重道远。后来，相关人士道出了此次事件的来龙去脉。

2020年底，滴滴出行开始与高盛集团、摩根士丹利和摩根大通等投资银行洽谈，商讨首次公开募股事宜，当时仍在权衡是应当选择在中国香港上市还是美国纽约上市。滴滴出行当时在二级市场交易估值一度达到约1000亿美元，因此筹资目标相对较高。

2021年3月，滴滴出行开始考虑在美国上市，原因之一是纽约证券交易所在合规方面的要求相对香港来说较为宽松，而另一个原因则是出于估值方面的考虑，滴滴留意到其全球最大的竞争对手优步在美股市场表现优异，从而意识到美国资本市场已经认可网约车的商业模式，因此希望通过在美国上市获得比在香港上市更高的估值。正如滴滴所预想那样，由于相关部门政策要求网约车司机必须具有本地户籍，而很多滴滴司机不具有本地户籍，因此香港证券交易所在合规方面对滴滴提出了质疑。

就在滴滴计划上市的前几个月，国内监管部门还对滴滴出行的首次公开募股计划表示了支持。然而，最晚从2021年4月开始，相关部门陆续就有关滴滴出行赴美上市涉及的数据安全问题提出担忧。

监管部门敦促滴滴出行务必在首次公开募股之前确保其数据安全，或者考虑将上市地点更改为香港或内地，因为这两地的信息披露风险相对较低。知情人士称，官方只是就信息安全提出了要求，但并未明确禁止滴滴出行在美国上市，并且他们相信滴滴会遵守有关要求。

一位事件亲历者批评滴滴不采纳监管部门的建议，并用一句话作了概括：你永远都无法叫醒一个装睡的人。

随后，滴滴出行和负责滴滴上市事宜的投资银行试图抢先一步，加快滴滴出行的美国上市步伐。当时的情形一度有些慌乱，滴滴出行加紧向美国证券交易委员会提交其首次公开募股的相关文件，但投资银行相关负责人也并不确定什么时候可以敲定，最终美国证券交易委员会终于在北京时间2021年6月11日凌晨3点45分左右公布了相关上市文件。

在上市前的准备期间，滴滴出行的政府事务团队就监管部门提出的要求进行了讨论，并告知了参与滴滴首次公开募股的投资银行。据参与该过程的人士称，尽管滴滴出行明白监管机构对其数据安全的担忧，但经过高管们研判，一致认定相关部门并不反对此次的首次公开募股。

此时，摆在滴滴出行面前的有两个选择：一是听从相关部门的建议，进行相应整改，或者改为在香港或内地上市；二是继续大胆冒进，在美国上市，以便为公司筹得更多的资金，同时为公司管理层争取更大的财富。2021年6月28日，滴滴管理层经商量决定，最终选择了后者。

知情人士向我透露，滴滴出行向负责上市的投资银行保证，只要滴滴足够低调，便能够顺利上市，还向投资银行中的账簿管理人承诺，滴滴方面不会发布有关首次公开募股的新闻。于是，尽管这对这家成立不久的公司来说算得上是一个里程碑事件，直到上市前的最后一刻，连滴滴自己的员工都不知道公司即将在纽约证券交易所上市。但据另一位知情人士透露，2021年6月30日午夜，滴滴在公司内部论坛上发布了一则公告。

2021年7月1日，星期四，滴滴出行的股价飙升了约16%，这表明投资者需求强劲。时至周五，滴滴的管理层方才感觉到一丝放松，他们开始庆祝，这确实是一个值得庆祝的时刻。

不料，一则重磅消息破坏了高管们的心情——北京时间当晚7点过后，国家互联网信息办公室在官方网站上发布公告，宣布为防范国家数据安全风险，维护国家安全，保障公共利益，网络安全审查办公室依法对滴滴公司实施网络安全审查。

公告一经发布，滴滴股价即刻暴跌，滴滴当时也未对公司本次上市事宜及相关部门的调查作出任何回应。一个月内，滴滴市值缩水将近一半。2021年12月，在上市仅5个月后，滴滴出行宣布准备退出美国市场。

滴滴事件体现了中国政府整顿国内互联网金融行业的决心，也提醒国内创业者们，没有任何一家企业可以凌驾于法律法规之上。国际投资者只能望洋兴叹，他们迫切希望通过投资获取中国互联网发展的红利。2021年6月，包括富达国际（Fidelity）在内的全球大型投资机构表示，对国内互联网市场的未来发展保持乐观态度。

整顿课后辅导行业

富达国际基金经理尤米·杰（Hyomi Jie）接受彭博电视台采访时说："滴滴出行在美国市场的估值高于其他任何市场，说明了美国投资者对该企业的认可，我相信此次调查事件会很快过去。"

然而，滴滴事件并不是行业整顿的终点。

很快价值1000亿美元的课后辅导行业也面临整顿。在过去几年时间里，课后辅导行业快速发展，和网约车行业和游戏行业一样，在互联网迅速发展的推动下，颠覆了传统的商业模式，获得了巨大的成功。课后辅导机构如雨后春笋般大量涌现，主要通过在线平台进行学科类培训。各培训机构迅速成为投资界的宠儿，成功吸引了国内外资本的投资，投资国内培训机构的国外机构有美国华平投资集团（Warburg Pincus）、新加坡政府投资公司、淡马锡（Temasek）、红杉资本等，国内企业有阿里巴巴、腾讯等科技业巨头。

据估计，到2024年，中国在线教育行业产生的收入将达到4910亿元。基于良好的市场预期，好未来和新东方等培训机构股票价格急剧飙升，猿辅导和作业帮等大型初创企业也不断涌现。

2021年初，监管部门开始决意整顿在线教育行业，其目的是改变当前教育培训的乱象。当前，校外培训机构无序发展，"校内减负，校外增负"现象突出，加剧了教育不公平问题，有害青少年身心健康，增加了家长经济负担，降低了育龄人员生育意愿。

整顿措施不断升级。2021年6月，教育部成立了专门的校外教育培训监管司，监管课后教育和在线辅导行业。此举引发投资界的担忧，课后辅导行业会从此消亡。

这并非耸人听闻的想法。国内P2P（点对点）网贷行业一度疯狂扩张，自诩为一种金融创新手段，可以匹配储户与借款人，充分释放闲置资本价值。在行业发展巅峰时期，P2P网贷公司有5000多家，吸引用户多达5000万人，每年处理的交易量达到3万亿元。然而，短时间的野蛮生长导致网贷行业乱象频生。自2018年行业整顿之后，网贷行业整体出清归零。

在接下来的几周里，在线教育行业从业者和众多的投资者忧心忡忡，持续观望，终于在2021年7月的一个星期六晚上，等来了一则无异于重磅炸弹的消息。

国家教育部发文，要求面向义务教育阶段学生的学科类校外培训机构统一登记为非营利性机构。

此消息如重磅炸弹一般炸开。随后，国务院通过了一系列新规。比如，禁止外商投资义务教育机构；又如，上市公司不得通过股票市场融资投资学科类培训机构，不得通过发行股份或支付现金等方式购买学科类培训机构资产。所有学科类培训都遭遇禁止。此外，政府还禁止校外培训机构占用国家法定年节假日、周末及寒暑假期组织学科类培训。

在美国上市的中国教育股也受到该政策的影响，行业龙头好未来教育集团、新东方教育科技集团和高途集团的市值蒸发了一半或以上。

腾讯整改

监管部门的行业整顿行动还在继续推进。2021年下半年，整顿目标直指社交娱乐巨头腾讯。

阿里巴巴和滴滴之所以受到处罚，是因为违反了监管机构的相关规定。而腾讯一直注重合规并配合监管，为何也会成为此次整顿的对象呢？

2021年下半年，监管部门重启对腾讯游戏业务的审查，并且再次放缓新游戏的审批流程。新华社旗下《经济参考报》刊文，公开点名电子游戏，称其为"精神鸦片"，并尖锐谴责整个游戏产业。①

随后，当局发布新规，限制未成年人每周游戏时间不得超过3小时。腾讯的股价应声而跌。针对政府和媒体的批评，腾讯采取了一系列整改措施，比如在2022年寒假暨春节假期期间，限制未成年人玩游戏时间为14小时。

---

① 随后《经济参考报》重新发布了该文章，删除了"精神鸦片"等字眼。

另外，在针对行业垄断行为的整治过程中，腾讯的微信支付业务也接受了调查。除此之外，腾讯投资的诸多企业也接受了调查，包括滴滴出行、猿辅导在线教育平台和火花思维在线教育平台。

2021年，腾讯投资人遭遇了重大损失。在纳斯达克指数上涨21%的情况下，腾讯的股价却暴跌19%。

然而，通过一系列行之有效的措施，青少年游戏成瘾问题得到了很好的遏制。

2019—2020年，也是出于身体原因，马化腾保持低调，逐渐淡出公众视野。在此期间，他缺席了备受瞩目的世界人工智能大会、全国人民代表大会以及公司年会。

据腾讯员工称，马化腾有严重的腰椎间盘突出症，背部问题严重影响到身体健康，因此这段时间一直在家休养。

而据知情人士透露，腾讯有意在行业整顿期间保持低调，避开公众目光，集中力量开展内部业务整改。

腾讯启动了重大组织架构调整，重新组合了原有的七大事业群。此外，2021年11月，监管部门基于用户数据合规监管方面的要求，责令腾讯不得上架新的或更新应用程序，并限期整改，整改完成后部分应用程序可持续更新。

同时，腾讯还在筹备成立一家金融控股公司。2022年3月，据彭博社援引知情人士消息报道，金融监管部门考虑要求腾讯公司将旗下的微信支付、保险、信贷、信用评分服务、理财业务整合进新金融控股公司，以便更好地接受监管。其中，微信支付面临的情形更为复杂，因为微信支付涉及两个不同的部门，一个是即时通信应用程序部门，另一个是金融科技部门，金融科技部门负责在企业开发团队带领下提供程序的后端基础设施支持。而成立新的金融控股公司也对腾讯提出了更高的资金要求。

在反垄断背景下，腾讯还启动了一系列撤资和资产出售措施，大幅减持其在关键领域的投资占比。比如：以特别股息的形式向腾讯股东分派价值超过160亿美元的京东股份，腾讯此前是京东重要的战略合作伙伴；减持冬海集团（Sea Ltd.）的股份，冬海集团是东南亚最大的游戏公司，总部位于新加坡；此外，还减持了其他在美国上市的中国企业中持有的股份，其中包括动漫网站哔哩哔哩、电子商务平台拼多多和金融科技公司富途控股。

腾讯还于2022年4月关闭了其视频游戏流媒体平台。此前，腾讯投资了国内最大的两家游戏流媒体平台，计划将两者合并，打造出一个游戏流媒体平台，力争能与亚马逊推趣游戏直播平台媲美。依照计划，腾讯的相关团队将加入合并后的平台。而反垄断整顿让这笔交易成为泡影。

据腾讯高管称，腾讯正积极致力于推进企业进行一次"范式转变"。在过去，腾讯一度不计后果地扩张，展开恶性营销与零和竞争，而现在，这一切都成了历史。尽管腾讯过去的野蛮扩张在一定程度上推进了中国科技行业进入黄金时代，但市场规范化是必然的趋势。

行业整顿敦促腾讯进行了大幅整改，从另一角度来说，良性的市场环境对企业发展有长期的好处。在完成整改过后，马化腾再次出现在公众的视野。2021年，马化腾出席全国人民代表大会，呼吁制定《自然保护地法》。

防止资本无序扩张

近年来，相关部门提出并多次强调强化反垄断和防止资本无序扩张，并进行了相关整顿。行业整顿的目标是保障现代市场经济高效运行，推进有序竞争、公平竞争，实现健康可持续发展。

中国政府网网站上曾发文称，校外教育产业"被资本严重劫持，这打破了教育作为福利的性质"。因此，在教育培训领域防止资本无序扩张，加大对校外培训机构的监管治理，引导教育培训机构积极落实相关政策，追求规范发展，共同打造良好的行业生态，有利于教育培训行业长期良性发展。

过去，政府对一些互联网新业态一直采取包容的态度，这有利于新事物的成长，但也可能产生野蛮生长的风险。因此，在上述领域强化反垄断和防止资本无序扩张十分必要，只有这样，才能让资本健康成长。在金融管理部门指导下，支付宝、阿里巴巴、拼多多和滴滴出行等企业制订整改方案，积极开展整改工作。支付宝业务从灰色地带进入合法领域，阿里巴巴和拼多多整顿电子商务平台，严惩了平台内经营者刷单炒信、虚假宣传、销售假冒伪劣商品等行为。滴滴出行在司机招募、车辆标准方面进行整改，以进一步符合国家和地方法规。企业从加大金融科技创新到确保用户体验不下降，从遵循秩序规范到服务实体经济和群众需求，在各方面切实抓好落实整改要求。

对业界巨头的整顿体现了国家整治科技行业的决心，对蚂蚁集团的整顿便是这种决心的集中体现。蚂蚁集团近年来国际影响力日益彰显，同时也是助力中国金融科技行业腾飞的一支重要力量。

蚂蚁集团的整顿传递出一个积极的信号——即便是蚂蚁集团这样的大型企业都在整改之列，这体现了国家整顿整个科技行业的决心。

中国科技行业野蛮生长的时代终结，行业从而走向合规的良性发展道路。相关整治还涉及近年来迅速发展的房地产等其他行业。随着老龄化问题加剧，国家经济增长放缓，大力鼓励生育，行业整顿体现了政府在以上方面的努力。

同时，反垄断和防止资本无序扩张也有助于保障人民"共同富裕"，推进中国式现代化。

20世纪70年代改革开放之初，邓小平同志提出："一部分地区、一部分人可以先富起来，带动和帮助其他地区、其他的人，逐步达到共同富裕。"改革开放以来，中国经济加速发展，为促进共同富裕创造了良好条件。

如今，逐步实现全体人民"共同富裕"被摆在了更加突出的位置。

然而，实现这一目标对中国科技行业影响深远，甚至可能会影响未来几十年的行业发展进程。

从经济意义上看，要完全消化这些影响可能需要数年时间。但从表面上看，互联网行业发展的放缓并未对实体经济和制造业造成影响。根据全球私募股权与另类资产行业重要信息来源睿勤的数据显示，国内互联网行业风险投资仍然异常活跃，在2021年达到创纪录的1306亿美元。由于监管的主要目标集中在互联网巨头，较小的初创公司依然持续获得资金投入。而投资对象从平台公司转向半导体、机器人和企业软件等硬核技术企业。上述情形也符合国家的总体规划，即在基础研究和尖端技术方面取得更多的突破，以此减少中国对美国的依赖。

尽管行业整顿对企业带来巨大的挑战，阿里巴巴、腾讯、字节跳动、滴滴等各大型科技企业不得不收紧预算，新东方一次就裁员6万人，但实际上，防止资本无序扩张是反垄断、反不正当竞争，能更好发挥资本作为生产要素的积极作用，最终目的是解决构建新发展格局、推动高质量发展、促进共同富裕的重大问题。

chapter

第十二章

元宇宙和未来的方向

12

在云端算算术

腾讯韬光养晦，也在看未来的机会。腾讯旗下的云计算业务就是一个充满可能性的业务。

倘若没有云计算业务，腾讯很难达到现在的成就。云计算是支撑微信和腾讯游戏帝国的互联网基础设施。云计算的初衷是服务公司的十几亿名用户，其现在已经发展成为独立而庞大的业务。

截至2022年初，腾讯成为中国第一家、全球第五家拥有超过100万台服务器的公司，业务遍及70多个国家和地区。

腾讯如今的成绩绝非一日之功。早在2014年，腾讯高管就开始谋划。彼时，微信刚刚爆红两年，亚马逊网络服务才刚刚崭露头角。

大概在那段时间，我有机会与汤道生面对面交谈。当时，他主管包括QQ在内的社交媒体业务，几年后他将负责腾讯云计算业务。当时，他便在言语间表露出了对尚未成形的云计算极大的热情。

腾讯对如何运作云计算并没有清晰的思路。汤道生自己也说不清楚云计算可以如何运作，可以服务哪些应用，或者能给公司带来多大利润。但在他看来，有一件事情是肯定的，那就是公司需要建立起自己的互联网骨干网。微信在移动支付和社区服务方面呈指数级增长，所有这些都需要巨大的计算能力。依照这一逻辑，其他企业对计算能力也会有同样的需求。腾讯成为第一家试水自有云计算业务的企业，也是自己的第一个用户。

当年10月，腾讯正式宣布进军云计算领域，选址气候宜人的海南省，建立了创新科技园，马化腾亲自前往海南督战。海南是马化腾出生的地方，而这一次，他带领团队举办演讲、举行专家小组会议和泳池派对活动，首次揭开了云计算的面纱。团队设想的首个云计算应用程序是为了支持智能家电，以微信或QQ为操作系统，将冰箱、电灯、门、电视等一切家电连接到互联网上。进军云计算不仅是腾讯的转折点，也是整个行业的转折点。这标志着中国互联网行业的飞速发展。

当时，腾讯发展云计算只是顺应形势而为，并未打算将其作为主攻方向。那时候除世界500强企业外，大多数中国企业都不知道云计算为何物，也不曾想过云计算能给企业带来什么好处。为了吸引企业用户，腾讯必须展示云计算的具体应用或场景，以及云计算如何让中小型企业获益。然而，与企业打交道并不是腾讯的强项。

腾讯擅长开发大众娱乐平台，其惯用策略是同时开发多个同类产品，最后选择最受用户欢迎的产品。然而，与公司打交道截然不同，腾讯必须做到精准高效，企业想要看到的是一个成熟的方案。

过了一段时间，腾讯终于找准自己的服务定位。传统云计算供应商主要服务大型企业，而腾讯的优势在于服务小型企业，实现小型企业与用户的连接。如果能够吸引更多企业通过微信或QQ联系客户，客户就会对腾讯的平台产生依赖。腾讯可以帮助企业维护客户关系和客户数据，管理人力资源，以及提供会议服务，企业能更好地服务客户，由此形成一个良性循环。

换言之，腾讯云和客户一荣俱荣。举一个典型的例子：某个本地鞋业品牌使用微信小程序营销和售卖产品，同时管理客户信息、处理交易、进行促销和发放优惠券，所有操作都可以一站式完成。

这个概念被称为C2B2C（消费者到企业，再到消费者）商业模式。"C"代表微信上的终端用户及普通消费者（customer）；"2"意为"到"（to）；"B"代表企业（business）。微信的电话会议和小程序功能有效助力腾讯成功将其云计算业务拓展至游戏以外的其他领域。迄今为止，腾讯云计算业务客户有耐克、Gap和麦当劳等全球知名品牌。

在云计算领域，腾讯和阿里巴巴再次展开角逐。但此次竞争的焦点不再是用户界面和产品营销，而在于硬核技术。在竞争前线，双方着力开发光子硅芯片，试图克服摩尔定律。根据这个定律，微芯片上的晶体管数量大约每两年翻一番，微处理器则呈指数级增长。随着晶体管的尺寸接近物理极限，芯片开发的速度已无法满足高性能计算对数据吞吐量的要求。硅光子芯片使用光子光束而非电子传输数据，由于光子不直接相互作用这一基本原理，因此可以传播更远的距离。另一个战场是卫星地面综合计算系统开发，该系统连接卫星、空中平台和航海通信网络。如果使用该技术，那么人们在人烟稀少的地区（比如山区和沙漠）也能使用数字服务，从而缩小人群之间的技术鸿沟。

智能手机及未来方向

如今，腾讯的云业务在一定程度上代表了腾讯未来发展的方向，但困扰高管们的问题是，继智能手机之后，下一个能借势发展起来的又会是什么？

虽然目前尚无定论，但腾讯已经迫不及待地采取行动了。腾讯已经进军汽车领域。腾讯相信，随着技术日趋成熟，未来人们将在无人驾驶汽车中收听音乐、共享信息甚至参加会议。

虽然汽车行业是否会成为下一个风口还有待观望，但腾讯已经于2017年收购了特斯拉5%的股份。当时，腾讯高管认为市场对特斯拉及其创始人估值过低，日后的事实证明确实如此。自收购股份到2021年3月，特斯拉股价上涨了1660%。然而，对腾讯更具意义的是，此举帮助腾讯的通信和娱乐应用程序进入了汽车行业。以音乐服务为例，特斯拉在中国出厂时安装腾讯的QQ音乐，这一全新渠道为腾讯带来了更多用户和交易量。

另一个更令人振奋、拥有无限可能的领域便是元宇宙。

2021年10月，马克·扎克伯格宣布脸书将更名为"Meta"。一石激起千层浪，硅谷以及硅谷之外的人都大为震撼。一夜之间，元宇宙在中国成为热门话题，引发了创始人、投资者和公司的热议。

简单来说，元宇宙有一点像史蒂文·斯皮尔伯格（Steven Spielberg）导演的电影《头号玩家》中所描绘的世界：人们在沉浸式虚拟现实中生活和娱乐。在元宇宙里，人们或随心所欲地乘降落伞从珠穆朗玛峰一跃而下，或攀登古老神秘的吉萨大金字塔，或在纽约驾驶跑车与金刚赛跑。人们可以工作，可以参加上百人的会议，也可以通过带有传感器的特殊装置感受其他人的情绪，这些装置将人们在现实世界的感受转化为虚拟世界角色的情感。

元宇宙概念令中国科技界如此振奋并不足为奇，毕竟每隔几年便会出现一个热门投资主题，让人才和资本趋之若鹜。而驾驭这些浪潮的能力，或者更确切地说，支配和塑造它们的能力，则等同于捕捉财富的能力。元宇宙概念所涉及的设备已远远不止智能手机终端，移动计算巨头们看到了巨大的商机。

元宇宙概念让每个人都欣喜若狂。国内每几年就会有一个风口。我看看身边的朋友从房地产转到私募股权行业，从公务员加入创业大军，大家都希望在风口获得机遇。

短短几年内，科技领域的投资主题便从基于台式机的社交媒体和游戏演变为移动通信，从线上到线下服务，而现在是元宇宙。

腾讯自始至终都在抢占先机，就在马克·扎克伯格宣布公司更名的几个月前，腾讯便提出过一个类似元宇宙的概念，称为"全真互联网"，也就是实时互联网。虽然这个概念目前定义稍显模糊，但在倡导的实体和电子方式融合方面，与马克·扎克伯格的设想有异曲同工之处。

"元宇宙"（Metaverse）一词首次出现在尼尔·斯蒂芬森（Neal

Stephenson）1992年的小说《雪崩》中。小说描绘了一个被恶性通货膨胀困扰的世界。"meta"意为"超越"，而"verse"意为"宇宙"，现在常用于指下一代互联的早期迭代，由共享的三维虚拟空间构成。

然而，具有讽刺意味的是，小说作家斯蒂芬森对扎克伯格的愿景并不以为然，称其"毫无创意"。加密货币的忠实拥趸者也对脸书将自己改名为元宇宙大泼冷水，指出元宇宙的本质属性是互操作性，并非一家企业可以驾驭。

与大多数赛博朋克文学一样，斯蒂芬森描绘的世界并不友善。人们被无休止的通货膨胀困扰，只能求助游离于税收和监管体系之外的电子支付，有一点类似加密货币的概念。政府的许多职能，包括公共安全和国防，都由私人组织和企业接管。但小说中的许多预想如今成了现实。据预测，鉴于加密货币和非同质化代币（NFT）的底层技术可以支持虚拟世界中的资产公证，这两项技术将在元宇宙中发挥重要作用。2021年6月，在基于区块链的虚拟世界平台去中心化的大陆，一块虚拟土地以超过90万美元的价格售出，创下历史新高。

在中国，人们对元宇宙褒贬不一。上海等城市热情接纳这一概念，宣布鼓励元宇宙在公共服务、社交娱乐、游戏和制造业中的应用。同时，人们对元宇宙也有一些批评的声音。中国经济学家任泽平直言不讳地指出，在元宇宙中，由于人们会沉迷于虚拟世界中的生活，不再向往现实世界中的联系，将导致结婚率、生育率大幅下降。

元宇宙还引发了人们在健康方面的担忧。长期以来，防控青少年近视一直是国内热议的话题。腾讯由于主营游戏业务而备受指责，人们批评腾讯是导致青少年近视的罪魁祸首。在元宇宙中，人们头戴虚拟眼镜，沉迷于元宇宙世界，这必然加重人们对青少年近视的担忧。此外，近年来在年轻人中出现一种"躺平"文化，倡导以一种无欲无求的生活态度对抗社会的"内卷化"。元宇宙的出现，有可能强化这一现象。

尽管元宇宙在国内毁誉参半，公司和投资人却不愿意错失这一投资机会。就在脸书更名后的3个月内，国内与元宇宙相关的商标申请数量增加了2倍，超过8500项之多。

腾讯也不想错失良机。腾讯总裁刘炽平曾表示，腾讯凭借前期在游戏和社交媒体领域的积累，具备了打造元宇宙的技术和专业知识。此外，腾讯目前还是罗布乐思（Roblox）游戏平台的中国发行商，罗布乐思的游戏平台支持用户创建虚拟世界，被视为未来元宇宙很好的早期迭代。虽然腾讯高管们预计，元宇宙技术为国内用户接受至少需要5年时间，但这并非遥不可及。

然而，另一个概念也即将到来，那就是Web 3.0。Web 3.0是一个去中心化的万维网概念，基于区块链，在点对点分布式网络上进行管理和访问。以太坊（Ethereum）联合创始人加文·伍德（Gavin Wood）在2014年创造了该术语，它预示着这样一个未来：所有数据和内容的控制权交给内容创作者，真正做到将控制权交还给终端用户，而将企业拒之门外。这是一个再熟悉不过的概念。事实上，这就是开发互联网的最初愿景。

伍德认为，互联网发展到今天取得了巨大的成功，但实际上已经背离了当初设计的初衷。2018年，他在一篇博客中写道："社会必然会在互联网上留下印记，如今互联网的发展已经背离了其设计初衷，财富、权力和影响力如今掌握在贪婪自大的人手中。"

Web 3.0的诱人前景吸引企业和风险资本蜂拥而至，然而人们对Web 3.0概念的追捧导致其原本的内涵被扭曲。持怀疑观点的人认为，Web 3.0的概念遭到扭曲，必将导致行业内出现下一个类似苹果公司的霸主，然而互联网本来应该是惠及每一个人。推特前首席执行官杰克·多尔西（Jack Dorsey）便是怀疑论者的代表，他认为对于Web 3.0概念的热捧，不过是风险资本家的伎俩，并不是为了惠及普罗大众。埃隆·马斯克也曾指出Web 3.0只是一个营销噱头。

但各企业依然争相开发并定义自己的Web 3.0，将Web 3.0概念应用于各自的平台，以确保跟上新技术的浪潮。

腾讯也不例外，正在思考如何在未来的互联网格局中继续独占鳌头。

自称极客的马化腾在孩提时代就曾仰望星空，思考如何让宇宙变得更美好。从某种意义上讲，他已经实现了这一目标。现在，他正处于一个十字路口，思考着能给下一代留点什么。作为全球移动互联网的先驱之一，他找到了自己的使命，那便是将数十亿人连接到广阔的移动娱乐和通信新领域。他帮助人们与恋人、家人和朋友保持连接，让他们即便身在大洋彼岸，也能随时联系和看见对方。

我父亲在20世纪80年代出国留学，当时每隔几个月的一封书信是他与我母亲联络的唯一方式。对他们来说，出国可能意味着失去联络。科技改变了一切。在新冠疫情期间，微信成为亲人们每天保持联络的主要方式。腾讯旗下的游戏抚慰了许多孤独的灵魂，激发了想象力，还帮助玩家在虚拟任务中建立了友谊。如今国内生活变得如此便捷，以至出门在外只需要带上手机即可。而在成就他人的同时，马化腾也获得了难以想象的财富和影响力，这一切都远远超出了他最初的梦想。

参考文献

《腾讯十年》创作组. (2008). 企鹅传奇. 深圳报业集团出版社.

熊江. (2013). 小QQ大帝国：马化腾传奇. 中央编译出版社.

失控的腾讯帝国. (2011, December 15). 时代周报.

魏武挥. (2011). 诊断腾讯：眼中没有公众难成伟大企业. 第一财经日报.

Tom Wijman. (2021, December 22). *The Games Market and Beyond in 2021: The Year in Numbers*. Newzoo.

Barboza, D. (2012, October 26). *Family of WenJiabao Holds a Hidden Fortune in China*. The New York Times.

Billionaire Donations Soar in China Push for 'Common Prosperity'. (2021). Bloomberg.

Bloomberg Billionaires Index.(n.d.).Bloomberg.

Bloomberg News. (2020, November 6). *Inside the Chaotic Unraveling of Jack Ma's $35 Billion IPO*. BQ Prime.

Bloomberg News. (2021, July 23). *China Weighs Unprecedented Penalty for Didi After U.S. IPO*. BQ Prime.

Bloomberg News. (2022, January 27). *China's Communists Oust First Official Over 'Disorderly' Capital*. BQ Prime.

Blumberg, P. (2020). *WeChat Judge Won't Pause Temporary Order Blocking Trump Ban*. Bloomberg.

Boren, C. (2019). *Shaquille-oneal-weighs-nba-china-controversy-daryl-morey-was-right*. Washington Post.

C, L. (2013). *Tencent Buys $448 Million Stake in Sohu Unit to Win Users*. Bloomberg.

C, L. (2019a). *Alibaba Seals $38 Billion Singles' Day Sales Record*.

C, L. (2019b). *The World's Greatest Delivery Empire*. Businessweek.

Chen, K. (2003a, October 31). *Chinese Wedding Pulls Back Veil Of Secrecy on Money-Power Unions*. WSJ.

Chen, K. (2003b, October 31). *Chinese Wedding Pulls Back Veil Of Secrecy on Money-Power Unions*. WSJ.

Chen, L. (2016). *Ninja Naruto Leads Tencent's March into China's $31 Billion Anime Market*. Bloomberg.

Chen, L. (2017). *Tencent Music Drowns Out Spotify and Apple in China*. Bloomberg.

Chen, L. (2018a). *China Freezes Game Approvals Amid Agency Shakeup*. Bloomberg.

Chen, L. (2018b). *Tencent Slashes Game Marketing Budget Amid Freeze*. Bloomberg.

Chen, L. (2019). *Tencent Gets 'Wakeup Call' From China's Assertions of Patriotism*. Bloomberg.

Chen, L. (2021). *China's EdTech Assault Hits Investors From Tiger to Temasek*. Bloomberg.

Chen, L., Alpeyev, P. & Nakamura, Y. (2016). *China's Tencent Buys Control of Clash of Clans Maker for $8.6 Billion*. Bloomberg.

Chen, L. & Liu, C. (2020). *How China Lost Patience With Jack Ma, Its Loudest Billionaire*. Businessweek.

Cheng, E. (2021, December 31). *Shanghai doubles down on the metaverse by including it in a development plan*. CNBC.

China Fines Alibaba Record $2.8 Billion After Monopoly Probe. (2021). Bloomberg.

China Just Became the Games Industry Capital of the World. (2017). Bloomberg.

China Removes Key Hurdle to Allow U.S. Full Acces to Audits. (2022). Bloomberg.

China Weighs Tencent Payments Overhaul, New License Requirement. (2022). Bloomberg.

China's Didi Crackdown Is All About Controlling Big Data. (2021). Bloomberg.

Chinese pair make breakthrough in Team Championship. (2018). Alfred Dunhill Links Championship.

Crecente, B. (2019). *League of Legends is now 10 years old. This is the story of its birth*. Washington Post.

Desk, T. (2021, May 6). *Tim Sweeney: 11 facts you didn't know about the CEO of Epic Games*. The Indian Express.

The Epic Games store is now live. (n.d.). Epic Games.

Fogel, S. (2019). *Epic's Support-A-Creator Program Expanding to All Titles on Its Store*. Variety.

Fortnite exits China over crackdown. (2021, November 4). Young Post.

Fortnite Fight: CEO Explains Why He Launched War Against Apple, Google. (2020, September 10). NPR.

Frank, A. (2015, December 17). *Riot Games now owned entirely by Tencent*. Polygon.

Fung, B. (2019, January 18). *Netflix: Fortnite is a bigger rival than HBO*. Washington Post.

The future is Unreal (Engine) | Their future is Epic: The evolution of a gaming giant. (n.d.). Polygon.Com.

Gamers Boycott Blizzard After Protest Sympathizer Is Banned. (2019). Bloomberg.

Handrahan, M. (2019, January 18). *Netflix: "We compete with (and lose to) Fortnite more than HBO."* GamesIndustry.Biz.

Hong, J., Chen, L. & G, Y. (2019). *Tencent Airs NBA Games as Chinese State TV Blackout Persists*.

Bloomberg.

Howcroft, E. (2021, June 18). *Virtual real estate plot sellsfor close to $1 mln*. Reuters.

Huang, Z. (2021). *Tencent Employee Faces Corruption Investigation in China*. Bloomberg.

Hytha,M.(2018).*Spotify Gets a Boost as Tencent Music Kicks Off Share Sale*.Bloomberg.

Inside Tencent's Gambit to Dominate a $13 Billion Esports Arena. (2018). Bloomberg.

Isaac, M. (2017, March 3). *How Uber Deceives the Authorities Worldwide*. The New York Times.

Kharif, O. (2020, August 26). *Fortnite's Leader Makes a Career Crusading Against Big Tech*. Bloomberg.

Knight, S. R. A. (2013, October 20). *SoftBank buys $1.5 billion stake in Finnish mobile games maker Supercell*. U.S.

Li, P. B. G. (2019, May 28). *After "Honour of Kings" failure abroad, Tencent retools overseas strategy*. U.S.

The Life and Rise of Tim Sweeney, the Billionaire CEO Behind "Fortnite" Who's Now Taking on Apple in a Lawsuit That Could Have Huge Implications for the Whole Industry. (2020, August 19). Business Insider Nederland.

Liu, C. (2021). *China Widens Internet Crackdown With Meituan Monopoly Probe*. Bloomberg.

Liu, C. (2022, January 11). *China Venture Funding Hits Record $131 Billion Despite Crackdown*. BQ Prime.

Ma, W. & Osawa, J. (2020, December 21). *Tensions Flare Behind the Scenes of 'League of Legends'*. The Information.

A mysterious message millionaire. (2009). China Daily.

Nakamura, Y. & Kim, S. (2017). *One Man's Journey From Welfare to World's Hottest Video Game*. Bloomberg.

Nayak, M. (2021). *Epic CEO Denies Attack on Apple App Store Is to Boost Fortnite*.

Bloomberg.

No Chicken? Tencent's PUBG Stand-In Leaves Gamers Fuming. (2019). Bloomberg.

NPR Cookie Consent and Choices. (2020, December 10). NPR.

One Driver Explains How He Is Helping to Rip Off Uber in China. (2015). Bloomberg.

Palmeri, C. (2018). *Millions of Women Will Make Fortnite a Billion-Dollar Game.* Bloomberg.

Palumbo, A. (2019, February 2). *Epic's Tim Sweeney Defends Epic Games Store and Himself, Says Exclusives Are a Legitimate Way to Compete.* Wccftech.

Ping, C. K. & Yu, X. (2020, December 9). *China Hails Victory in Crackdown on Peer-to-Peer Lending.* WSJ.

Rubio Requests Information from MSCI Over Controversial Decision to add Chinese Compa-nies in its Equity Indexes. (2019). U.S. Senator for Florida, Marco Rubio.

Savov, V. & Huang, Z. (2021). *League of Legends and Twitch Streamers Fuel Latest Netflix Hit.* Bloomberg.

Searching for the Next Jack Ma. (2015). Markets Magazine.

Staff, W. S. J. (2021, February 11). *Tencent Executive Held by China Over Links to Corruption Case.* WSJ.

Staff, X. W. (2015, October 20). *Microsoft Studios acquires rights to Gears of War franchise.* Xbox Wire.

Statista. (2021, August 12). *Global box office revenue coronavirus impact 2020–2025.*

Statista. (2022, February 21). *Fortnite player count 2020.*

Statt, N. (2020, May 6). *Fortnite is now one of the biggest games ever with 350 million players.* The Verge.

Supercell. (n.d.). Supercell.

Tencent Closes Game Streaming Site After Beijing Blocks Merger. (2022). Bloomberg.

Tencent Cloud: Creating Global Prosperity. (n.d.). Bloomberg.

Tencent, JD.com Said in Talks to Combine E-Commerce Business. (2014). Bloomberg.

Tim Sweeney-Top podcast episodes. (n.d.). Listen Notes.

Tim Sweeney Answers Questions About The New Epic Games Store. (2018, December 4). Game Informer.

Tshabalala, S. (2015a, July 27). *Africa's biggest media group, Naspers, hasfinally apologizedfor its role during Apartheid.* Quartz.

Tshabalala, S. (2015b, July 27). *Africa's biggest media group, Naspers, hasfinally apologized for its role during Apartheid.* Quartz.

Uber Slayer: How China's Didi Beat the Ride-Hailing Superpower. (2016). Businessweek.

Ubisoft to Release Tom Clancy's The Division 2 on Epic Games Store. (n.d.). Epic Games.

U.S. expels WeChat, TikTok from app stores on China concern-BNN Bloomberg. (2020, September 18). BNN.

U.S. Teachers and Firefighters Are Funding Rise of China Tech Firms. (2019). Bloomberg.

van Boom, D. (2015, October 15). *Korean video game Crossfire brought to the big screen by "Fast & Furious" makers.* CNET.

Vynck, G. (2020). *WeChat iPhone Downloads Surge in the U.S. Ahead of Trump Ban.* Bloomberg.

Wood, G. (2018, September 20). *Why We Need Web 3.0-Gavin Wood.* Medium.

Wu, A., & Zhang, C. (2019). *Epic Games-Case-Faculty & Research-Harvard Business School.* Harvard Business School.

Wu, X. (2007). *Chinese Cyber Nationalism: Evolution, Characteristics, and Implications.* Lex-ington Books.

Ye, J. (2021, September 10). *China's Regulators Said to Slow Their Approval of New Online Games, as Beijing's Campaign Against Gaming. . .* South China Morning Post.

三个月增长近10倍 "元宇宙" 商标申请总量超8534条. (2021). 证券日报.

丹声道. (2014). 大众点评张涛：马化腾想明白了，很脏很累很苦的活腾讯其实不愿意做. 虎嗅网.

他距离张小龙就差一个和菜头了. (2017). 界面新闻.

何苦做游戏：腾讯天美老大姚晓光成长故事. (2016). 搜狐.

由曦. (2019). 蚂蚁金服. 中信出版社.

卢维兴. (2005). 腾讯全资收购Foxmail 传收购价500万美元. 新浪网.

双十一！4982亿！还有一些你不知道的数据！(2020). 微博大数据研究院.

吴晓波. (2017). 腾讯传：1998—2016：中国互联网公司进化论. 浙江大学出版社

周鸿祎：真想不通是张小龙这样的人做出了微信！(2016). 搜狐.

央媒批游戏产业文章重新发布 删除"精神鸦片"等字眼. (2021). 凤凰网.

宋玮. (2014). 3.0版张小龙：走出孤独. 财经网.

《广州故事》小黑屋11人 构建出微信的第一个版本. (2019).

张小龙–学习笔记. (2019). Allan的笔趣阁.

张小龙：花儿一样的你，刺一样活着. (2018). 新浪网.

微信之父张小龙和他的孤独星球. (2017). 极客公园.

快手天猫合办双11狂欢夜 4小时直播在线人数峰值超1000万. (2019). 亿邦动力网.

政府工作报告提出"互联网+"概念 马化腾：让人振奋. (2015). 人民网.

泡泡堂开发商状告腾讯QQ堂侵权索赔50万. (2006). 信报讯.

海南将投数百亿元重点打造琼南琼北两个信息产业基地. (2014). 南海网.

潘东燕，王晓明. (2014). 腾讯方法：一个市值1500亿美元公司的产品真经. 机械工业
    出版社.

"独裁"的张小龙和他的微信帝国诞生记. (2013). 博客天下. https://www.tmtpost.
    com/62285.html.

王的男人，王者荣耀之父，姚晓光. (2021). 腾讯网.

网络游戏的知识产权保护："韩国NEXON诉腾讯QQ堂"案引发的思考. (2008). 法律
    图书馆.

腾讯副总裁姚晓光：《王者荣耀》吸引两亿用户的秘诀. (2019). 天美工作室群.

腾讯第一位社招员工任宇昕的故事：从码农到腾讯COO. (2017).

腾讯首席技术官熊明华：怎样打造创业团队. (2013). 在路上.

西湖论剑物是人非　第三代大侠开场实录. (2002). 新浪网.

身价88亿元31岁的陈天桥成IT全国首富. (2004). 中国广播网.

陈伟. (2018). 这就是马云. 浙江人民出版社.

马化腾　打开未来之门. (2018). 中国民航网.

马化腾公开信：移动互联网时代更需要创新. (2014). 新浪网.

马化腾给他发2亿奖金，他创造了腾讯25%的营收. (2014). 新浪网.

马化腾：腾讯未来会通过康盛投资站长. (2011). 腾讯网.

致　谢

　　衷心感谢所有在我的人生中给予过支持和帮助的人，是他们让我得以完成本书。

　　首先我要诚挚感谢布拉德·斯通（Brad Stone）先生，是他让我意识到我有能力撰写本书。布拉德·斯通先生是图书《贝佐斯传：贝佐斯及无边界的亚马逊》（*Amazon Unbound*）的作者，也是彭博科技团队的高级执行编辑。2017年6月，我们共同撰写了一篇有关腾讯的新闻报道，并计划刊载于《彭博商业周刊》，其间他提出了由我撰写本书的想法。尽管布拉德·斯通先生负责管理一支全球团队，日程非常繁忙，但每当我需要指导时，他总是不吝抽出时间与我交谈，还一直鼓励我在新闻报道方面内容要更加深入、选题要更为宏大，让我得以在记者之路上精益求精，在此我表示真心的感谢。

　　衷心感谢阿歇特出版集团（Hachette）旗下的霍德和斯托顿出版社（Hodder & Stoughton）与该出版社编辑部总监休·阿姆斯特朗（Huw Armstrong），是他们使这个项目成为现实。休·阿姆斯特朗先生敏锐

275

地洞察到以腾讯为代表的中国科技公司题材的重要性，并给予本书大力支持。衷心感谢牡丹花版权代理有限公司（Peony Literary Agency）的玛丽西亚·尤什查凯维奇（Marysia Juszczakiewicz）女士，作为本书的版权代理人，她努力不懈地为本书寻找出版商，确保出版事宜顺利进行。牡丹花版权代理有限公司还代理出版了一系列与中国主题有关的重要图书。

我永远感谢我的恩师和与我共事的报社编辑，他们给予了我莫大的帮助。郝又明老师教给我正确的价值观，克里斯·霍克（Chris Hawke）、霍华德·弗伦奇（Howard French）、米尔塔·奥吉托（Mirta Ojito）和詹妮弗·普雷斯顿（Jennifer Preston）点燃了我从事新闻行业的热情，让我意识到新闻报道的伟大使命和重要意义，大卫·拉格（David Lague）、S. K. 维齐尔（S. K. Witcher）、肯尼斯·豪（Kenneth Howe）、吉娜·蔡（Gina Chua）对初涉新闻报道行业时的我给予了肯定和帮助，让我不断成长为一名更加优秀的记者。

我还要感谢和我一起报道中国科技行业的彭博社新闻团队成员：彼得·埃尔斯特伦（Peter Elstrom）、迈克尔·泰格（Michael Tighe）、罗布·芬纳（Rob Fenner）、大卫·拉姆利（David Ramli）和黄哲平（Zheping Huang）。我们是在一个战壕战斗的战友，是最智慧、最友爱、最敬业的新闻报道团队。

我还要衷心感谢彭博社的编辑：坎迪斯·扎卡里亚斯（Candice Zacharias）、迈克尔·帕特森（Michael Patterson）、汤姆·贾尔斯（Tom Giles）、大卫·斯坎兰（David Scanlan）、大卫·谢尔（David Scheer）、卡罗琳·盖奇（Caroline Gage）、陈惠安（Hwee Ann Tan）、阿南德·克里希纳莫西（Anand Krishnamoorthy）、约翰·刘（John Liu）、海瑟·哈里斯（Heather Harris）、莎拉·威尔斯（Sarah

Wells）和玛德琳·林（Madeleine Lim）。他们给予了我持续的指导和帮助。

衷心感谢腾讯的管理人员、普通员工，以及中国科技行业每一位于百忙之中抽出时间与我相坐而谈，并耐心回答我提出问题的人士。同时，我万分感谢各位记者同人，尤其是国内的新闻记者。他们对腾讯和中国科技行业进行了全方位的深入报道。我在书中引用了不少相关新闻报道内容，已在参考文献中一一注明。

如果本书能够成功吸引读者的关注，那么应当归功于霍德和斯托顿出版社负责出版宣传的奥利·马丁（Ollie Martin）、负责营销的萨希娜·比比（Sahina Bibi）以及彭博社的罗布·科（Rob Koh），同时还应归功于尼克·福西特（Nick Fawcett）对书稿的认真编辑，海伦娜·卡尔登（Helena Caldon）对书稿的细致审校。

衷心感谢我的父母，你们慈爱有加，倾尽全力给予我支持，是你们一直以来的辛苦努力，让我可以去追求内心向往的事业。

我最感谢的是我的丈夫。朋友曾与我开玩笑，说我有两个孩子。因为撰写本书时正值我怀孕期间，这本书就如同我的另一个孩子一般。这段经历非常令人难忘，我坚持采访直到女儿出生，一周内又重新投入采访撰写工作。每当我想到放弃，是我的丈夫给我鼓励，给我安慰，聆听我的想法并给予建议，做我的第一位读者和编辑。没有他的支持，就没有这本书的出版。

本书献给我的丈夫和我可爱的女儿。